Wenn Sie nach Japan kommen und dort das Wort Origami erwähnen, wird man Sie sehr gut verstehen. Das ist, als ob Sie das Wort »Pizza« in Italien oder das Wort »Bier« in Bayern erwähnen. Jeder Japaner wird wissen, daß Sie Papierfalten meinen. Und, da er sich wahrscheinlich über Ihre Neugierde für das Thema wundert, ist es gut möglich, daß er Ihnen in seiner freundlichen Art einige Informationen unterbreitet. Wahrscheinlich wird er Ihnen auch sogleich einen Kranich falten, das japanische Traditionsmodell, das jeder Japaner falten kann. Aber genauso wie weder Bier noch Pizza Privilegien ihrer Ursprungsländer sind, ist auch Origami heute nicht nur in Japan anzutreffen, sondern findet seine Verbreitung in unzähligen Ländern. • Wer vorhat, sich tiefer mit den Wurzeln des Papierfaltens zu beschäftigen, wird auf zwei verschiedene Traditionen stoßen, von denen man annehmen muß, daß sie sich unabhängig voneinander entwickelt haben: eine asiatische Tradition chinesisch-japanischen Ursprungs und eine europäische Tradition, deren Ursprung in Spanien zu finden ist. • Auch in Deutschland existieren zahllose Beweise für eine Tradition des Papierfaltens. Fast schon verloren, weil vergessen … Erinnern Sie sich an Friedrich Fröbel, den »Erfinder« des Kindergartens, der vor über 150 Jahren Papierfalten zum festen Bestandteil seines Kindergarten-Konzepts machte. Die Vielfalt seiner Faltungen kann man heute noch im Fröbel-Museum in Bad Blankenburg bestaunen. • Seitdem ich mich intensiv für Origami interessiere, habe ich herausgefunden, daß Origami nicht nur gefaltete Figuren bedeutet. Dahinter verbergen sich auch die Gesichter und sensiblen Hände derer, die irgendwann einmal diese Figuren – oder auch Modelle, wie man im Origami sagt – zum Leben erwecken. • Auf den Spuren dieser Leute, dieser Erfinder, bin ich schon durch viele Länder gereist. In diesem Buch stelle ich einige Modelle vor, die ich auf diesen Reisen kennenlernte.

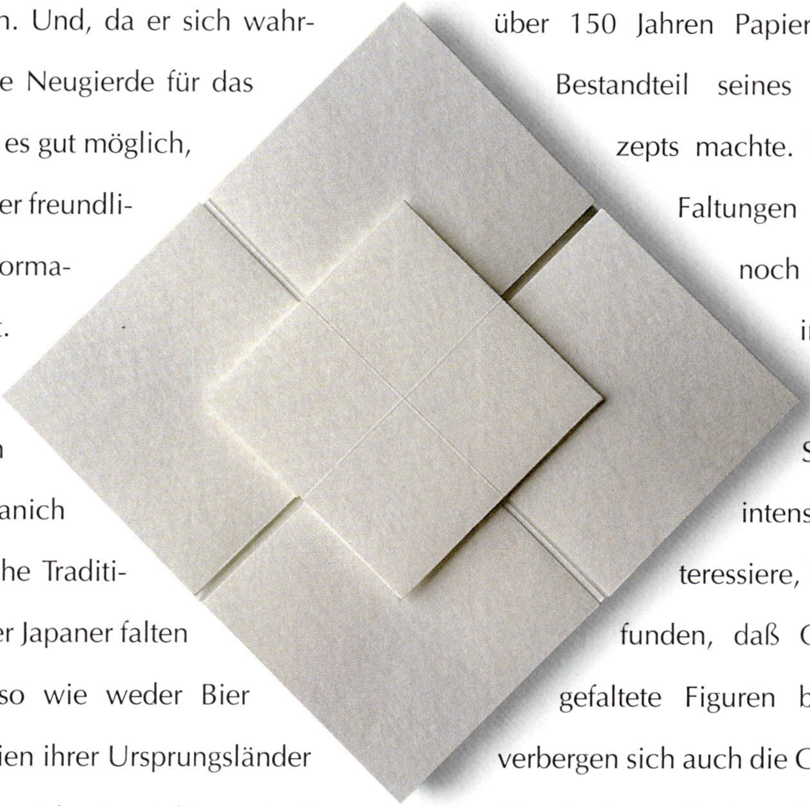

Falten bringt Entfaltungsmöglichkeiten!

Paulo Mulatinho

Paulo Mulatinho

Pfiffiges Origami

Mit Faltanleitungen
Schritt für Schritt

Inhalt

Auf Seite 1 ist das Modell
"Crossed Box Pleat"
von Thoki Yenn abgebildet.

Was brauche ich fürs Origami?

Die Antwort ist leicht: Nur Papier! – Papier gibt es überall, in verschiedensten Qualitäten und Größen. Geeignet ist alles, was gefällt und was sich falten läßt. Ob einfarbig oder bunt, ob dick oder dünn, ob glatt oder rauh, ob aufwendig oder einfach, ob groß oder klein - alle Faktoren hängen vom eigenen Geschmack und dem zu faltenden Modell ab. In Frage kommen Geschenkpapiere, Zeichenpapiere, Schreibpapier, Packpapier, Bastelpapier u.v.m. Der Nachteil dieser Papiere ist einzig, daß das Ausgangsformat für das Modell (meistens ein Quadrat, manchmal ein DIN-Format) erst zurechtgeschnitten werden muß. Wer sich diese Arbeit sparen möchte, kauft am besten fertiges Origami-Papier. Dieses Papier ist schon in Quadrate zugeschnitten und ist fürs Falten geeignet. Ein Päckchen Origami-Papier kann ich leicht überall mit hinnehmen und bin so immer »falt-bereit«.
Vielleicht hat Ihr Schreibwarenhändler oder Bastelgeschäft schon eine Auswahl vorrätig. Das wachsende Interesse an Origami hat sich auch in Deutschland spürbar auf das Angebot an Origami-Papier ausgewirkt.

Symbole

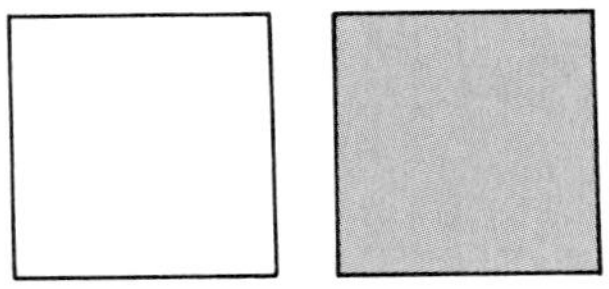

Farbe unten Farbe oben

hin- und zurückfalten

das Modell muß umgedreht werden

die folgende Zeichnung wird vergrößert dargestellt

öffne das Modell an dieser Stelle, und falte es in die angezeigte Richtung

Falten ist eine simple Sache …

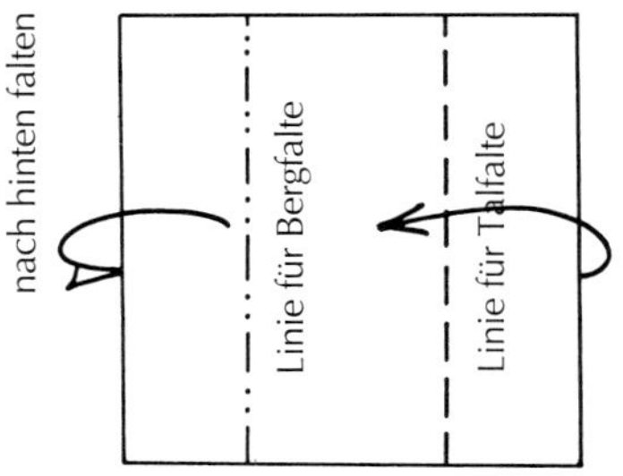

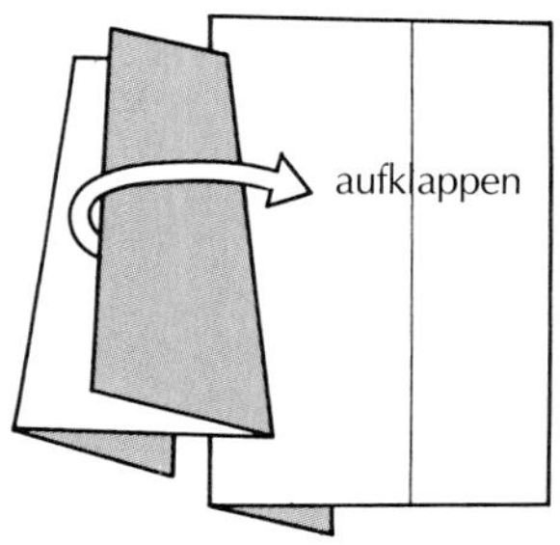

In den folgenden Anleitungen finden Sie in Form von Zeichnungen alle notwendigen Informationen für das Falten eines Modells. Linien und Pfeile bilden die Sprache dieser Anleitungen. Jedes dieser Symbole, die international Anwendung finden, hat seine eigene Bedeutung und ist hier erklärt.
In den Anleitungen selber habe ich einen erklärenden zusätzlichen Text nur an den Stellen eingefügt, wo ich es als hilfreich erachte oder auf mögliche Fehlerquellen hinweisen möchte. Jeder einzelne Schritt zeigt, welche Faltung durchgeführt werden soll. Das Ergebnis dieser Faltung ist am nächsten Schritt in der darauffolgenden Zeichnung wiedergegeben.

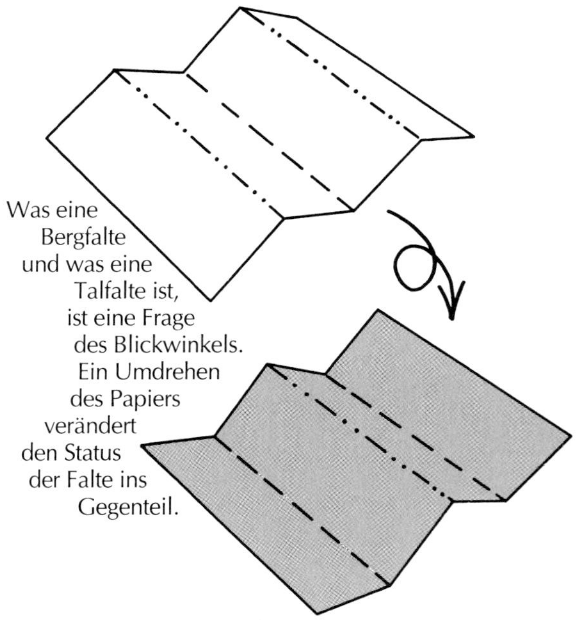

Die Origami-Anleitungen in diesem Buch bilden mit ihren Berg- und Talfalten und den verschiedenen Pfeiltypen eine Art »Sprache« zwischen Ihnen und mir: Sie möchten das gezeigte Modell nachfalten und ich möchte Ihnen den Faltvorgang an Hand der Zeichnungen erklären. Da wir keinen »echten« Dialog führen können, bleibt die Hoffnung, daß so wenig Mißverständnisse wie möglich zwischen uns auftreten. Sollten aber welche auftauchen, so liegt der Fehler sicherlich bei mir. Ich weiß aber auch, daß eine Anleitung nicht für jeden Anwender perfekt sein kann.

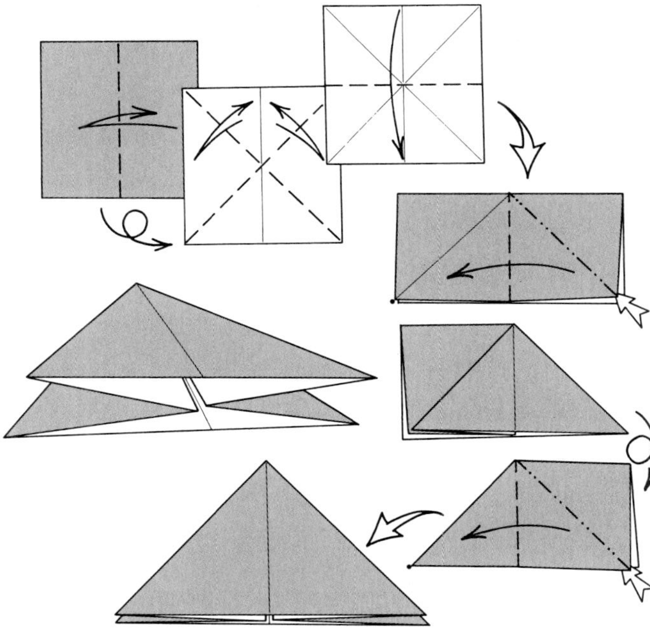

Hier die sogenannte Wasserbomben-Grundform …

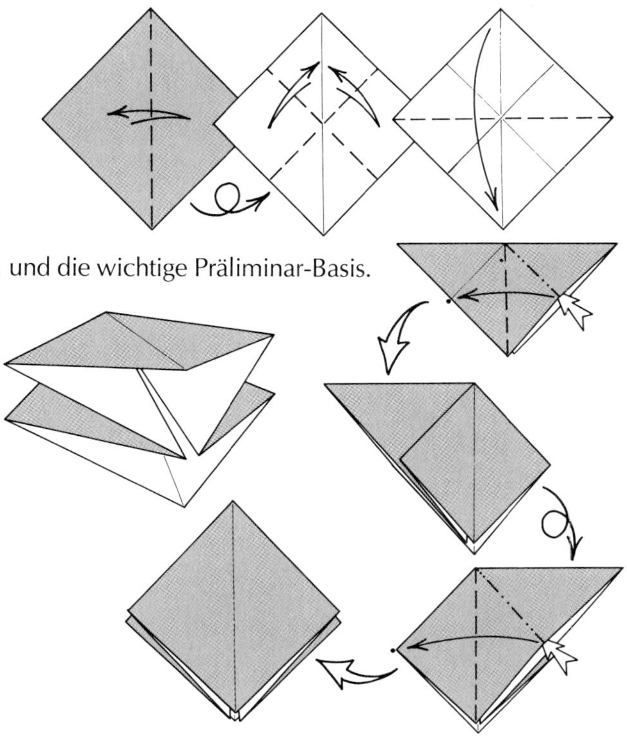

… und die wichtige Präliminar-Basis.

Gerade Anfänger, die noch nicht so vertraut sind mit den fast technisch wirkenden Zeichnungen, bleiben leicht einmal während des Faltvorgangs »hängen«, jeder an einer anderen Stelle. Da hilft kein Aspirin und kein Beten. Legen Sie die Arbeit beiseite, beschäftigen Sie sich zwischendurch mit etwas anderem, wahrscheinlich klappt es dann beim zweiten Versuch wie von alleine. Haben Sie keine Angst, Fehler zu machen. Vielleicht führen Ihre Fehler Sie ja auch zum Ziel. Wie bei einer Wegbeschreibung zum Bahnhof: man kann abkürzen, man kann sich verlaufen oder auch einen besonders schönen Weg finden …

Gegenbruch nach innen …

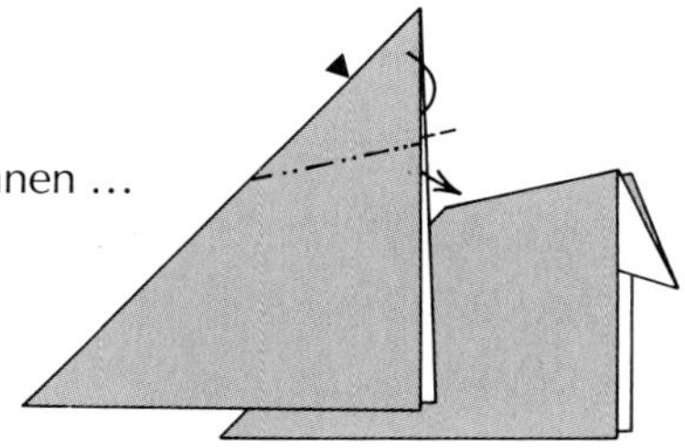

Einfaches und Erstaunliches

Briefumschlag

Traditionell

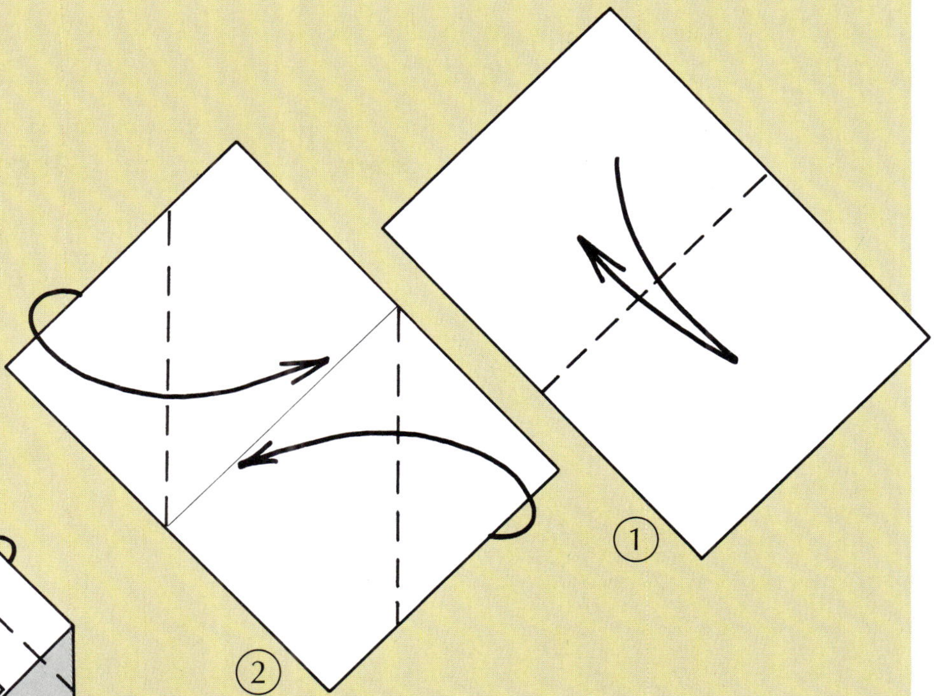

Kontong-Kong

Seiryo Takegawa

1

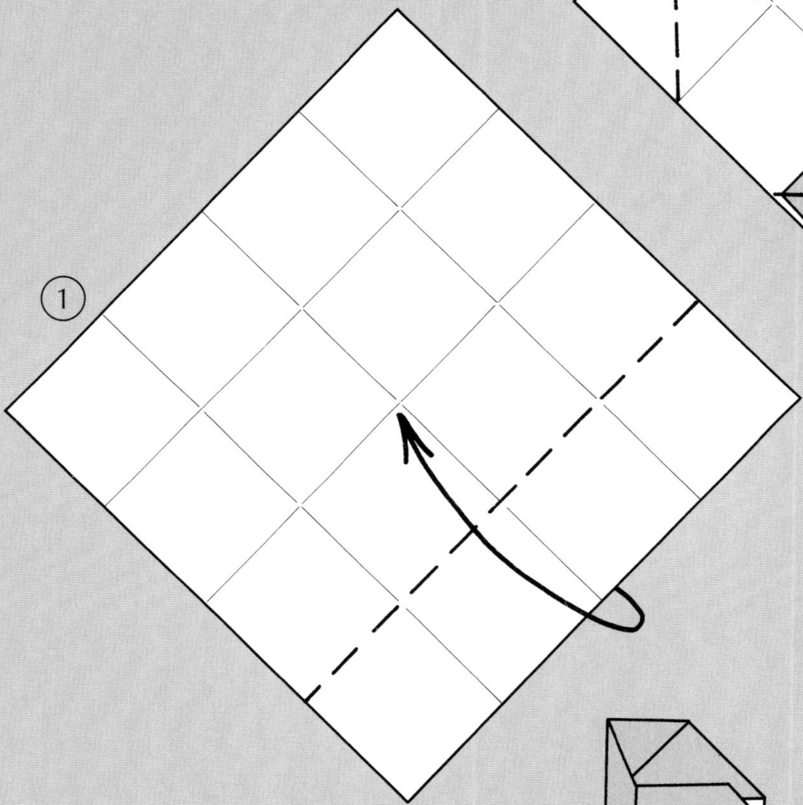

2

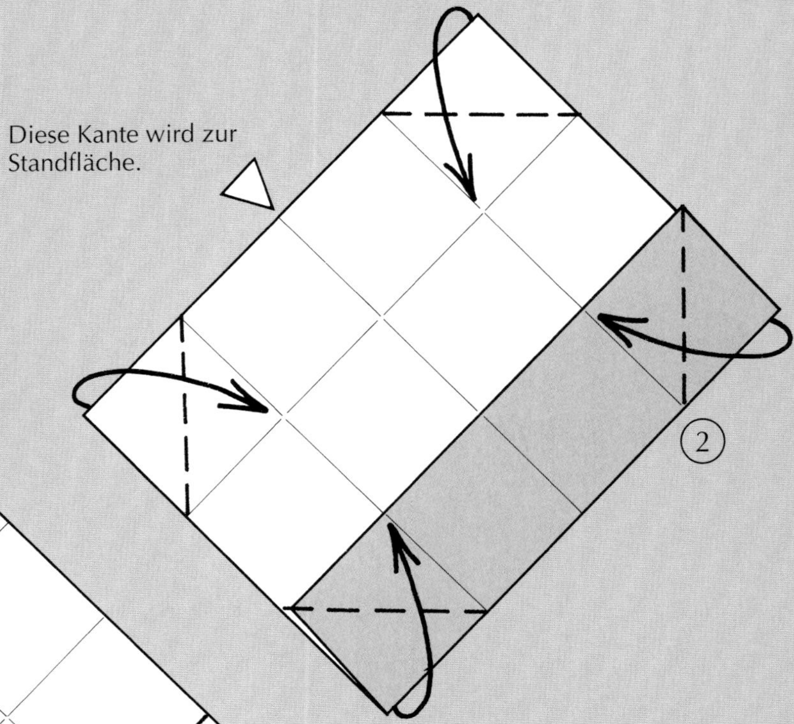

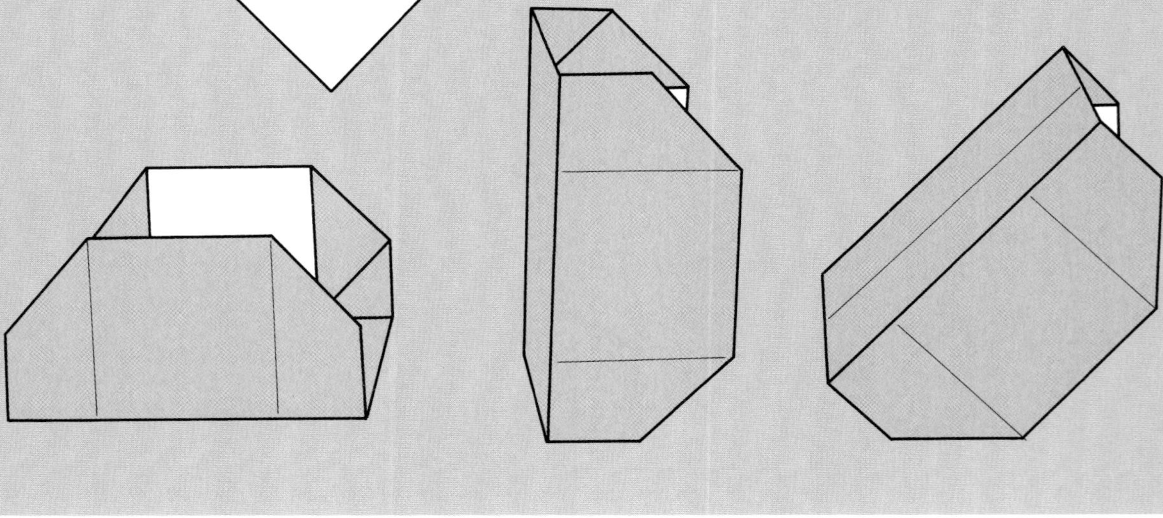

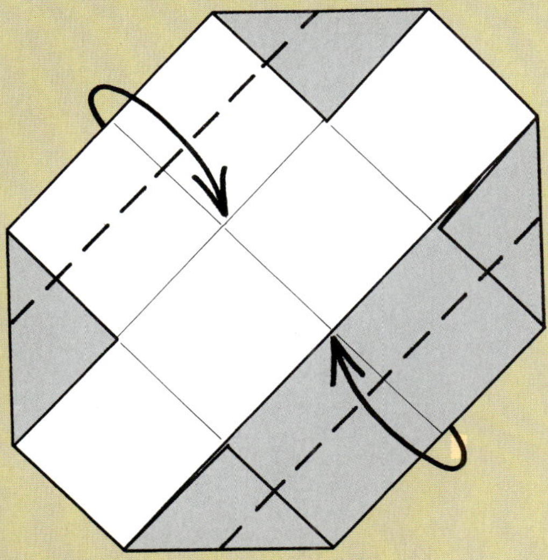

3

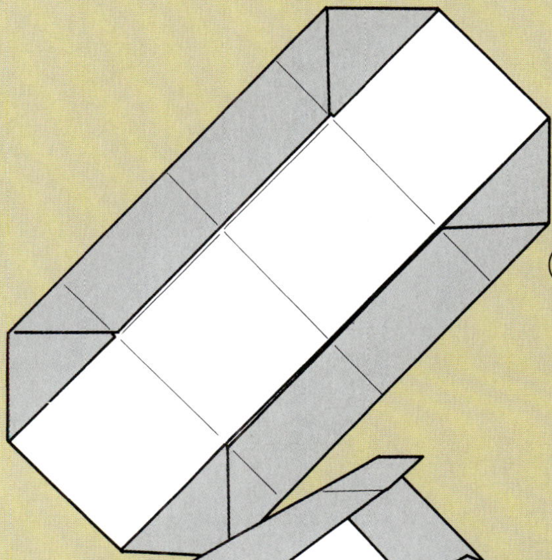

4

5

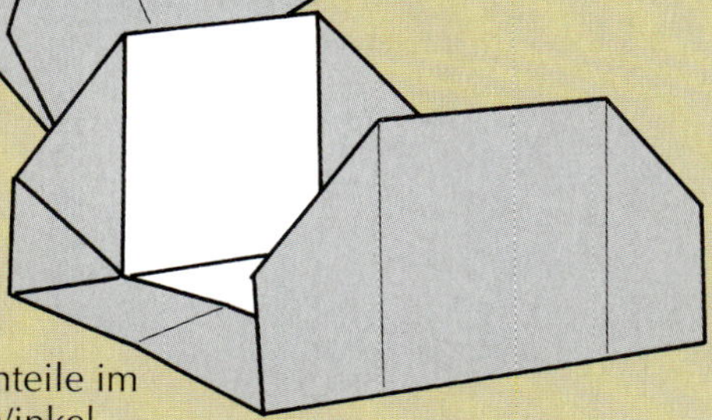

6

Die Seitenteile im rechten Winkel aufrichten.

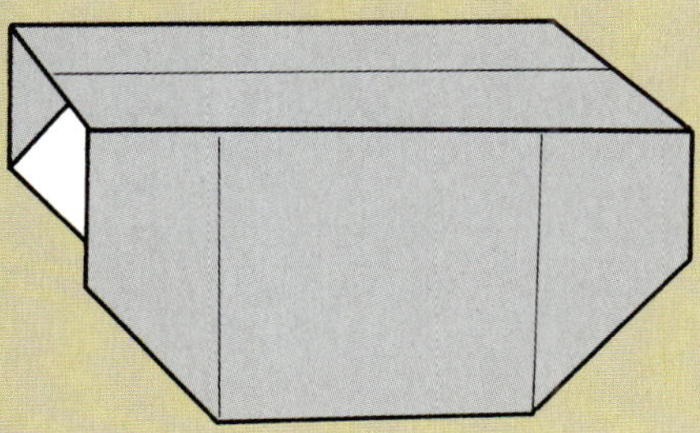

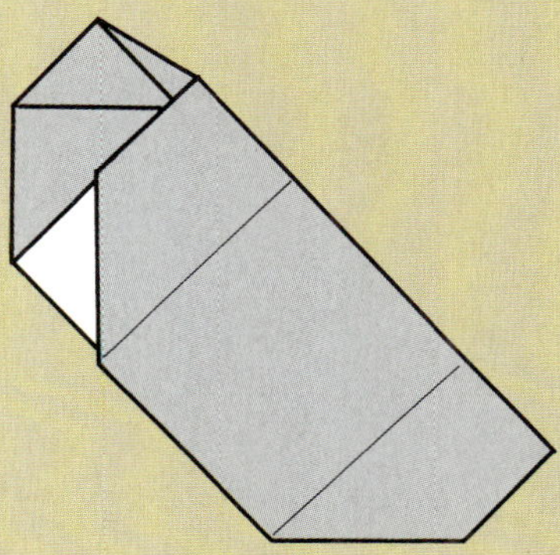

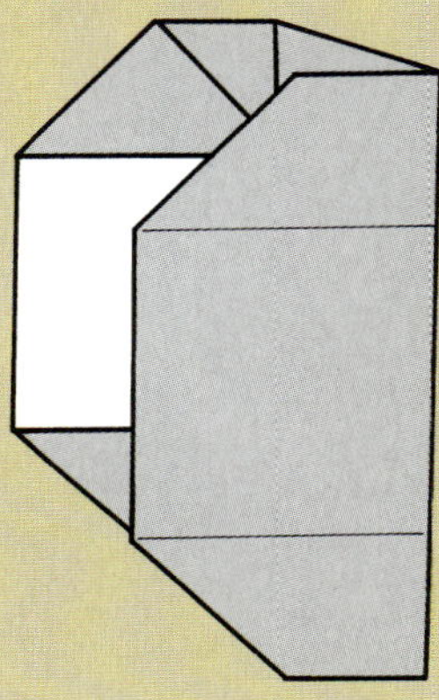

Den Kontong-Kong mit der Standfläche auf den Tisch stellen, anschubsen und schon schlägt er einen Purzelbaum...

Tulpe

Kunihiko Kasahara

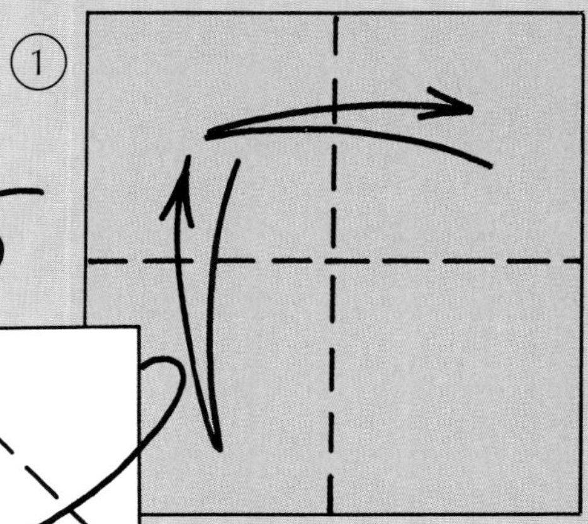

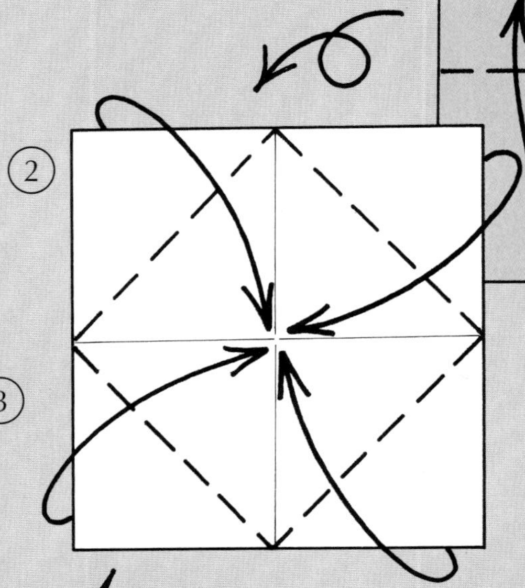

Blüte

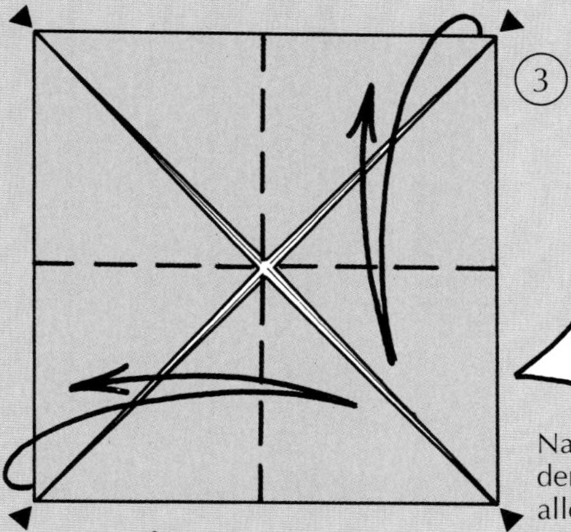

Nach dem Ausführen der beiden Talfalten aller vier Ecken zusammenführen.
So ergibt sich Schritt 4 - die Basis für die Blüte.

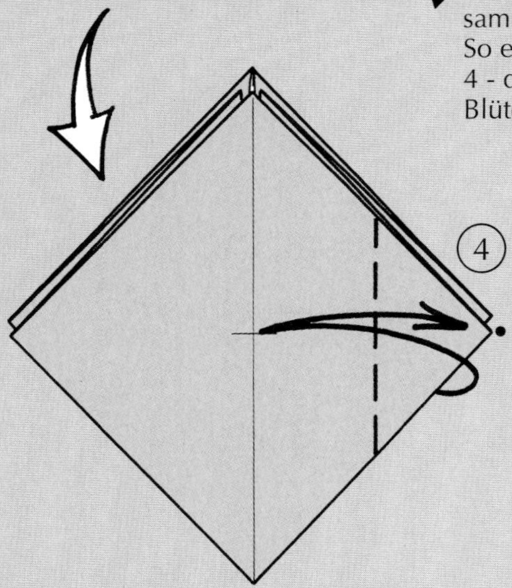

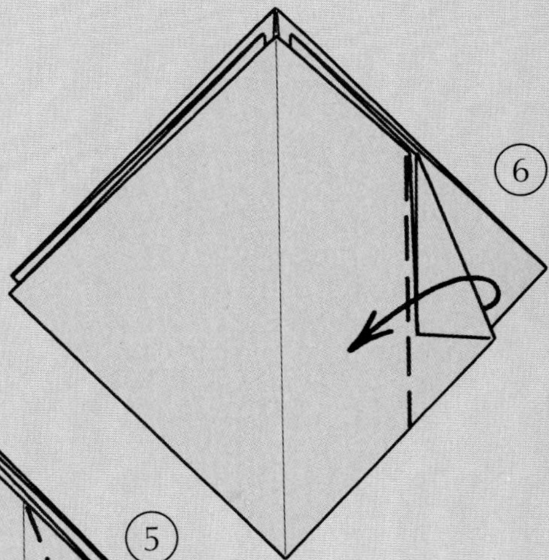

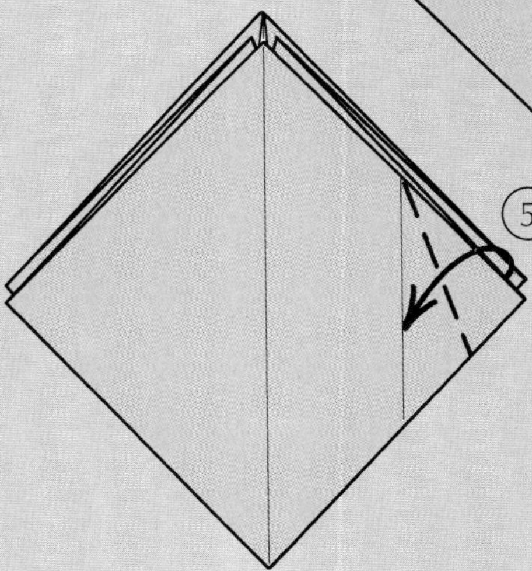

Schritte 4 - 7 an allen Ecken wiederholen.

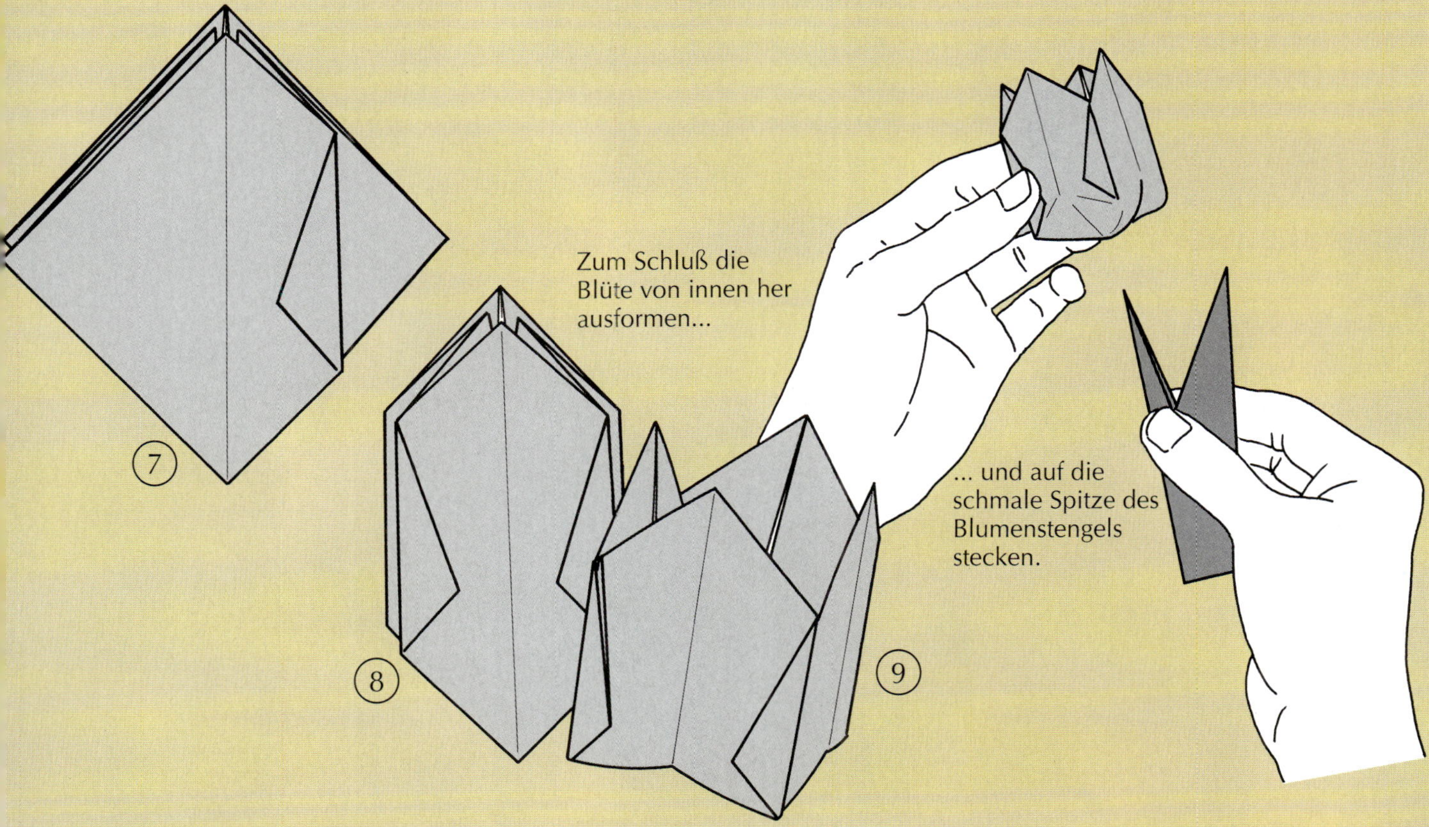

7
Zum Schluß die
Blüte von innen her
ausformen...
8
9
... und auf die
schmale Spitze des
Blumenstengels
stecken.

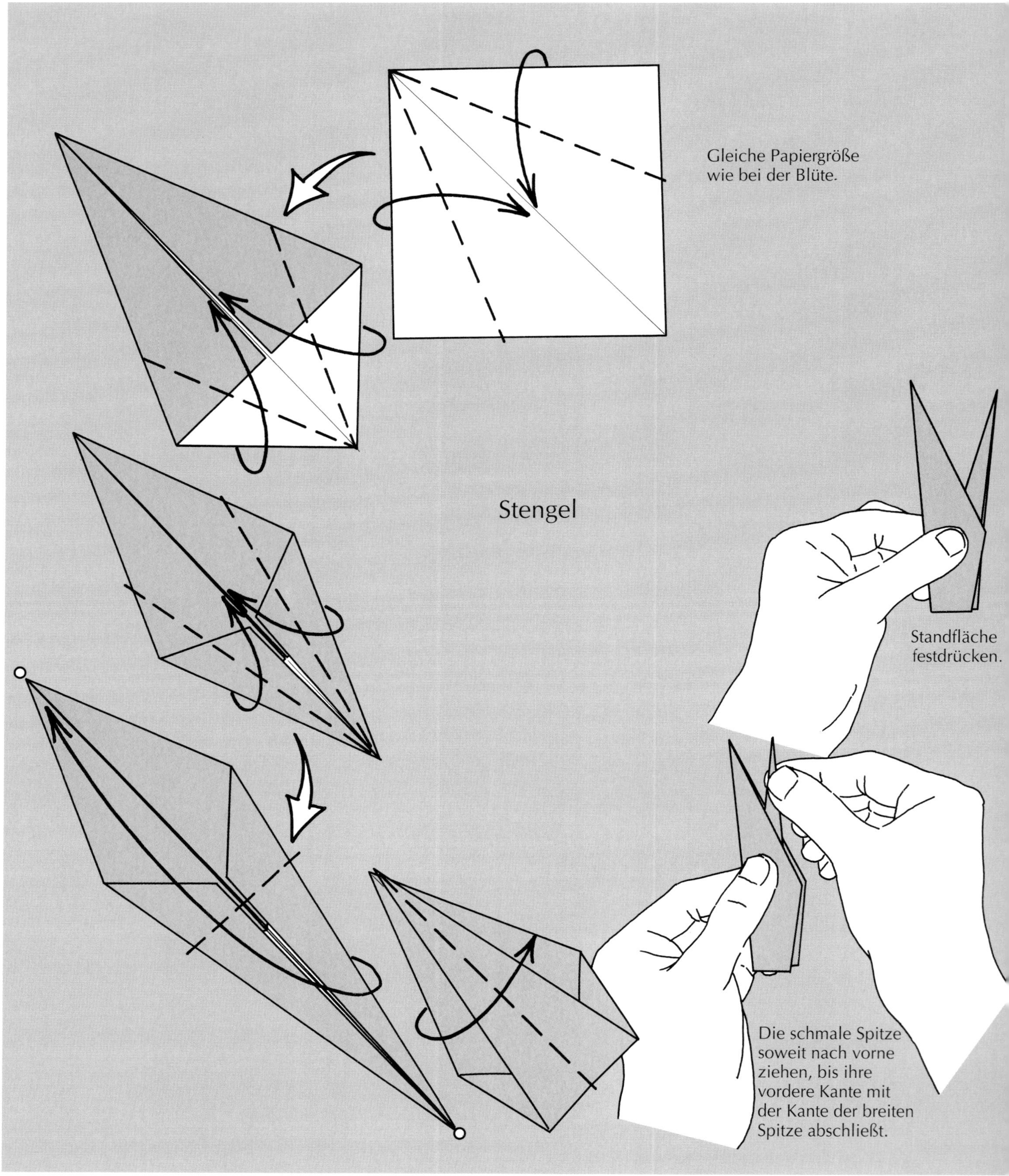
Gleiche Papiergröße
wie bei der Blüte.
Stengel
Standfläche
festdrücken.
Die schmale Spitze
soweit nach vorne
ziehen, bis ihre
vordere Kante mit
der Kante der breiten
Spitze abschließt.

Haus

Alfredo Giunta

Doppelte Herzen

Francis Ow

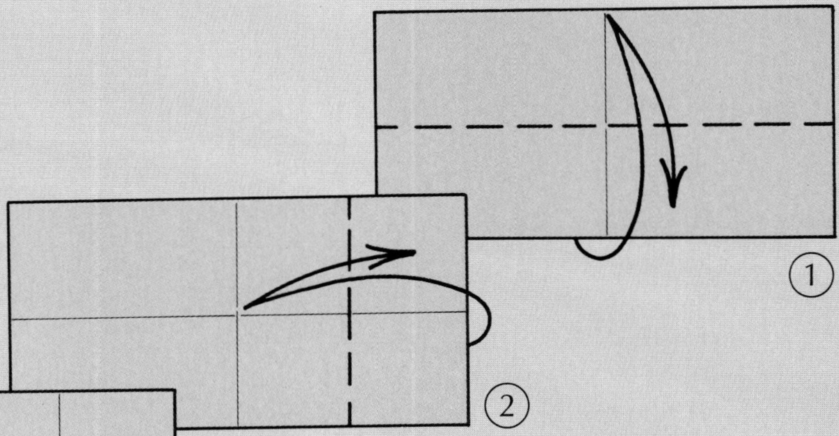

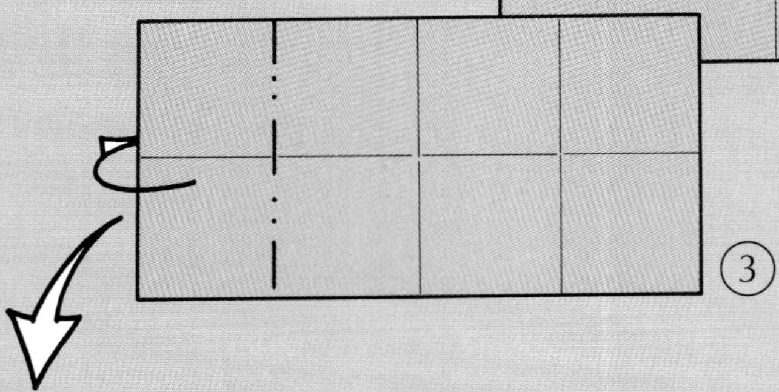

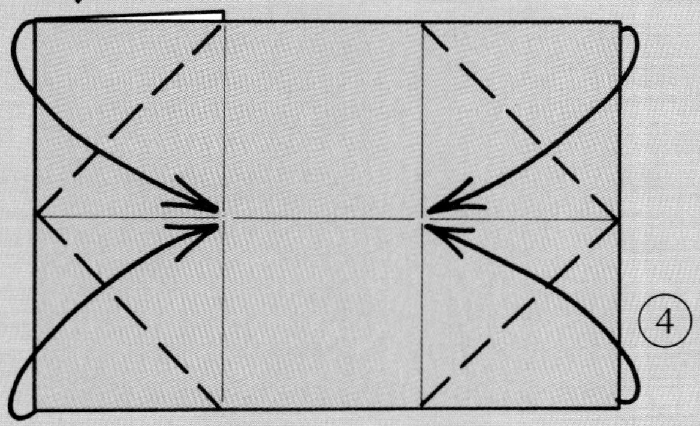

Francis Ow beschäftigt sich hauptsächlich mit modularen und geometrischen Faltungen. In dieser Richtung des Origami ist er einer der Pioniere. Weltweit bekannt ist Francis Ow jedoch durch seine zahllosen Herzkombinationen, die inzwischen schon ein ganzes Buch füllen. Die Entwicklung dieser Modelle bereitet ihm viel Freude. Er möchte damit seine Liebe zu Origami ausdrücken.

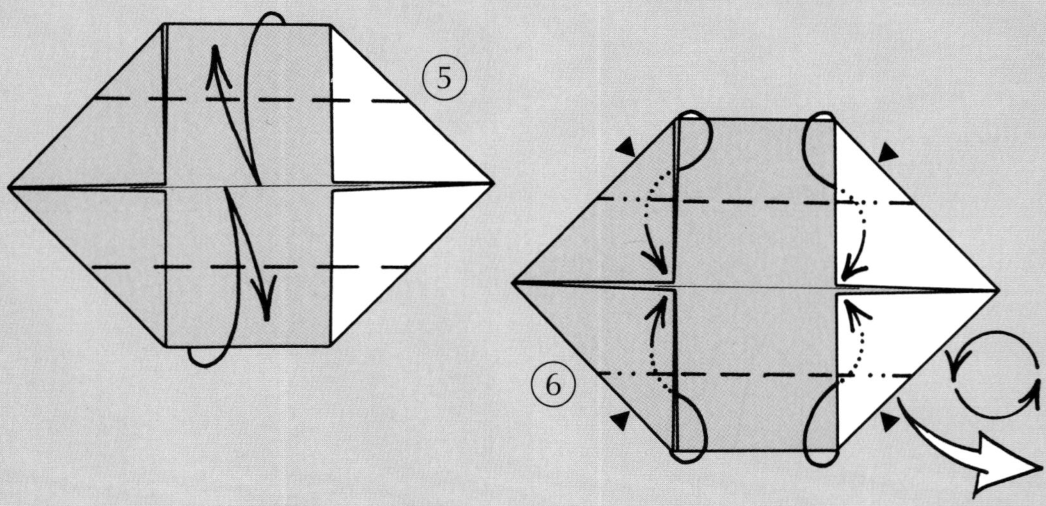

Wieder nur die vordere Papierschicht falten.

⑬

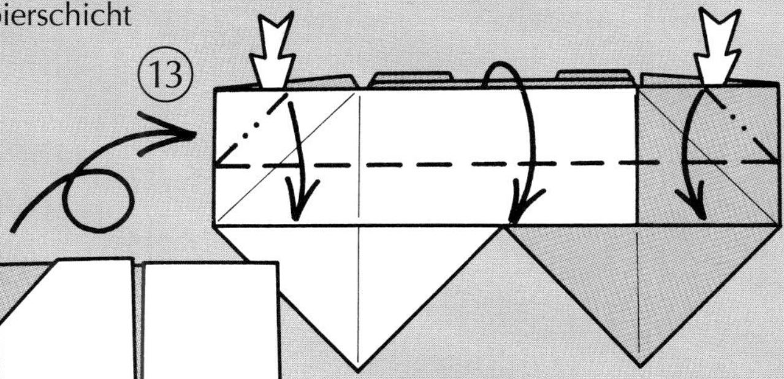

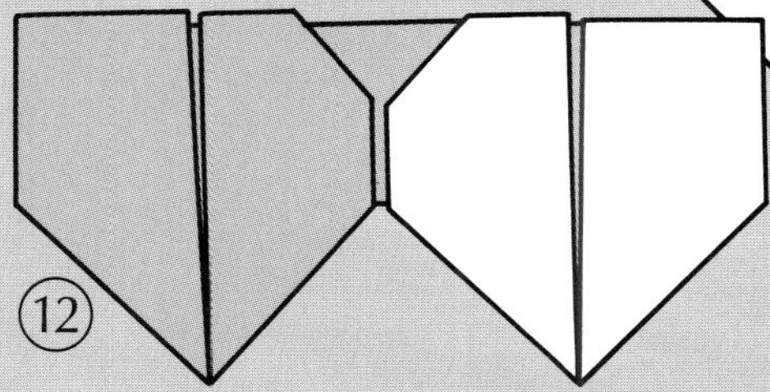

⑫

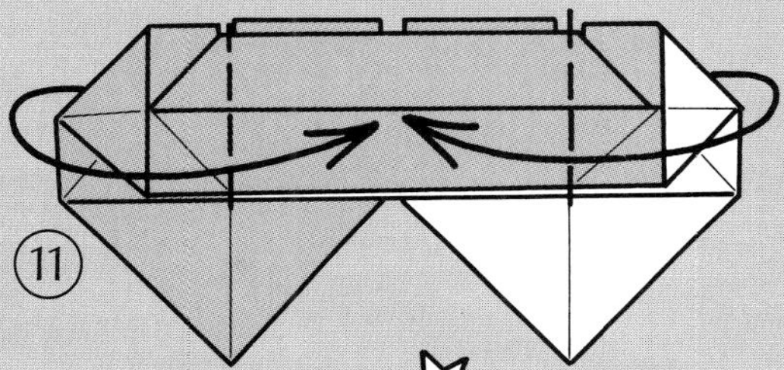

Die beiden hinten liegenden Herzen nach vorne umklappen.

⑪

⑩

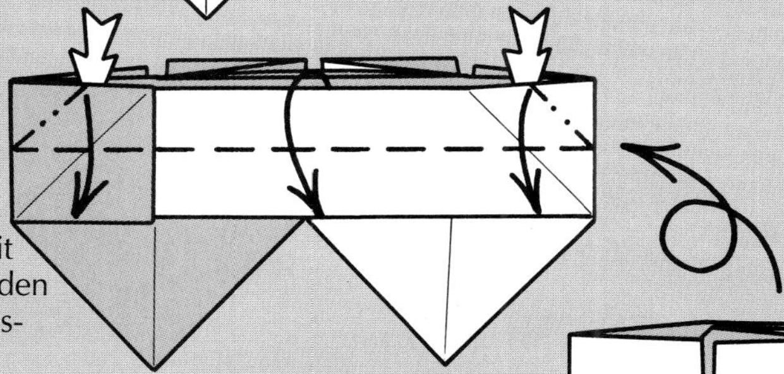

Die Talfalte in Schritt 10 nur mit der vorne liegenden Papierschicht ausführen.

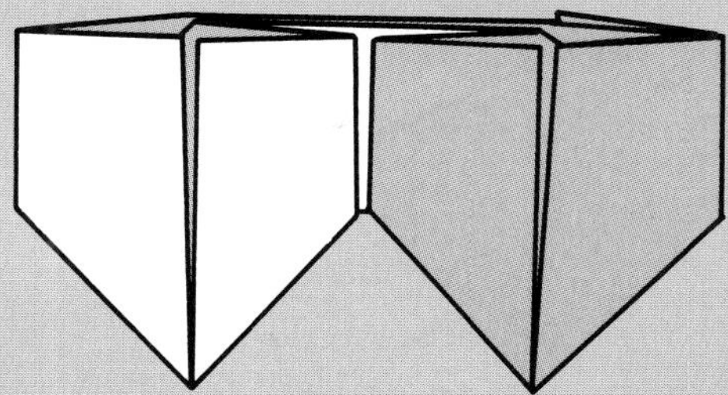

⑨

⑦

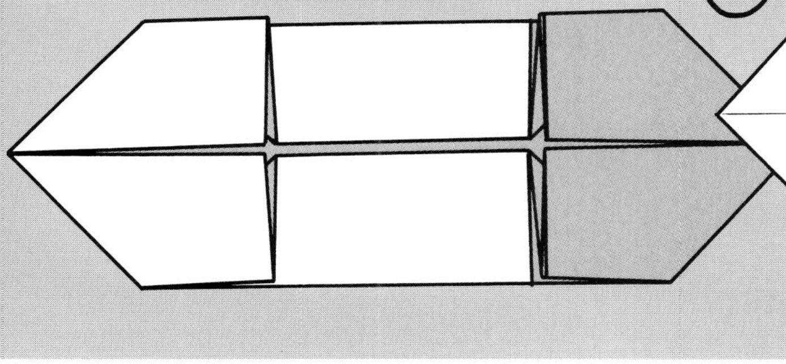

⑧

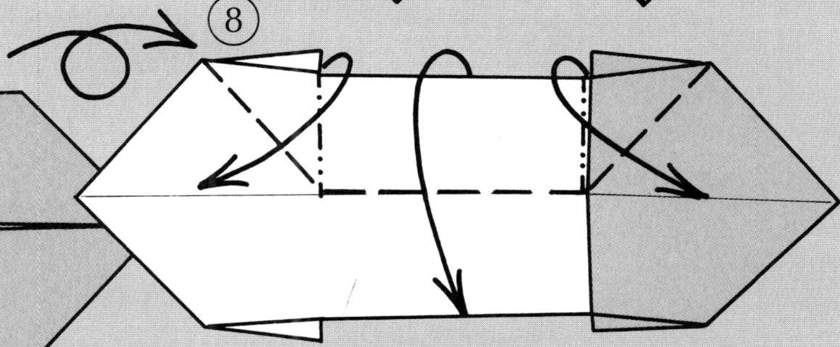

14

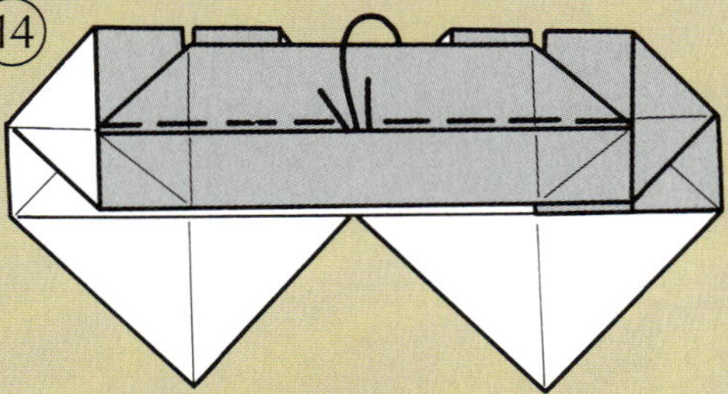

Den Steg nach innen verstecken.

15

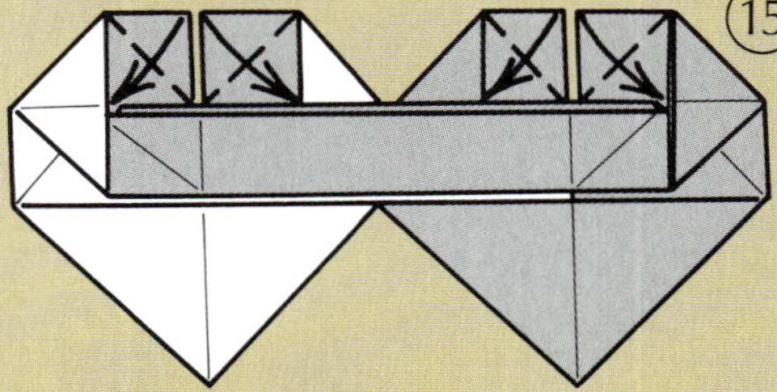

16

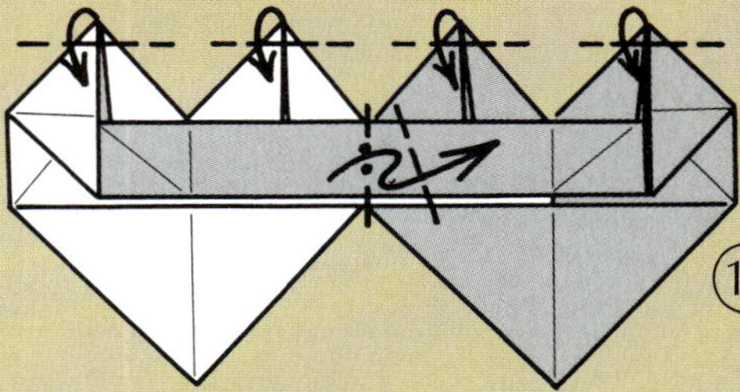

17

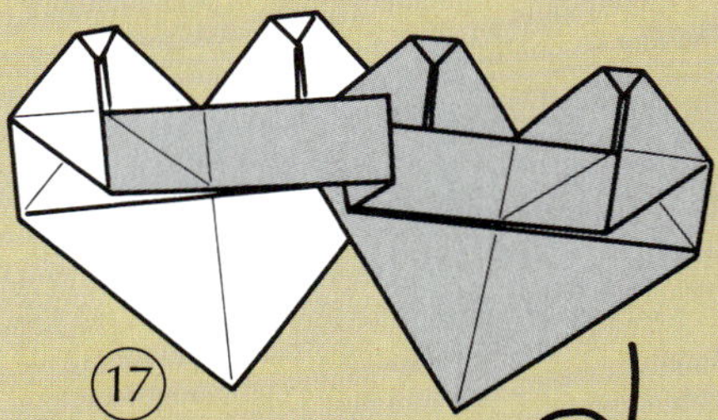

18

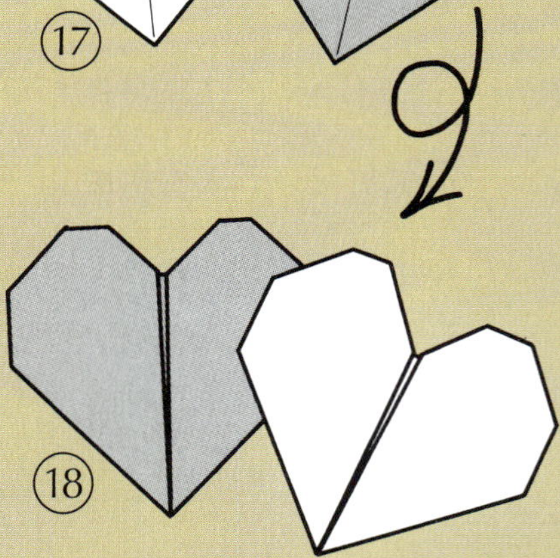

Taschengeld-Börse

John Cunliffe

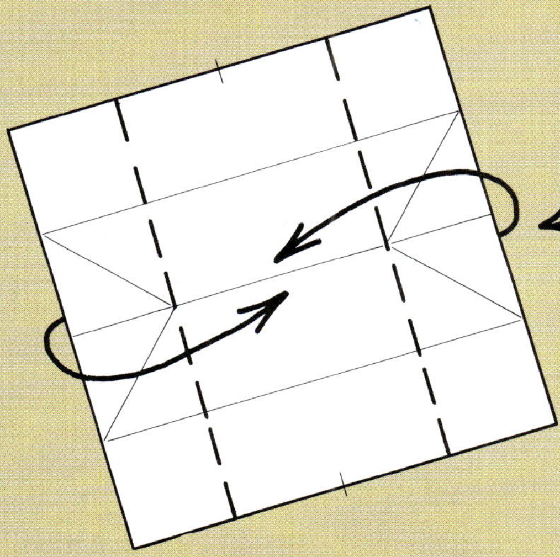

Das Ausgangsformat 28 x 28 ergibt eine Geldbörse, in die ein Zehnmark-Schein paßt.

Beide Seiten komplett in die Öffnung in der Mitte stecken.

Das letzte Hemd

TRADITIONELL

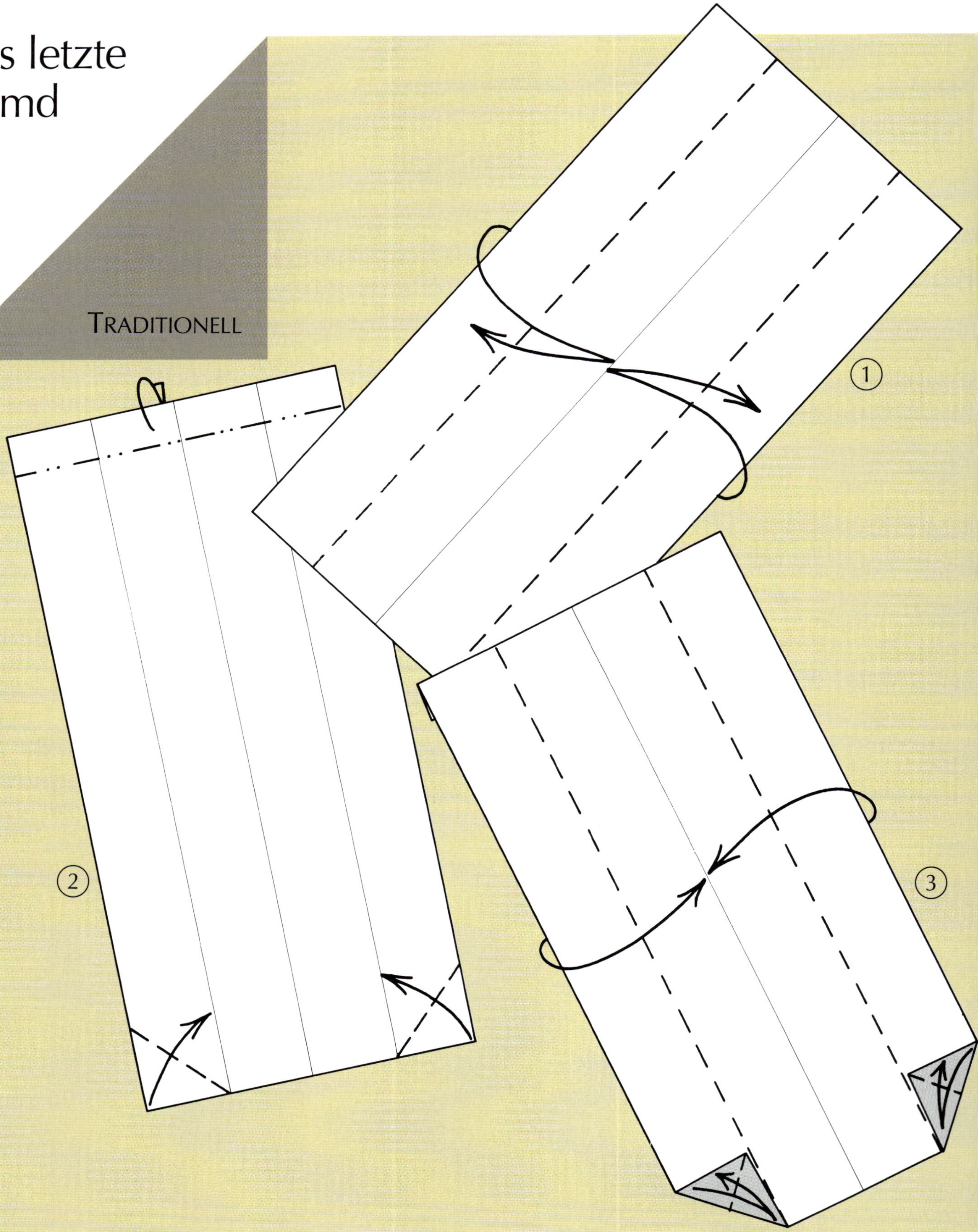

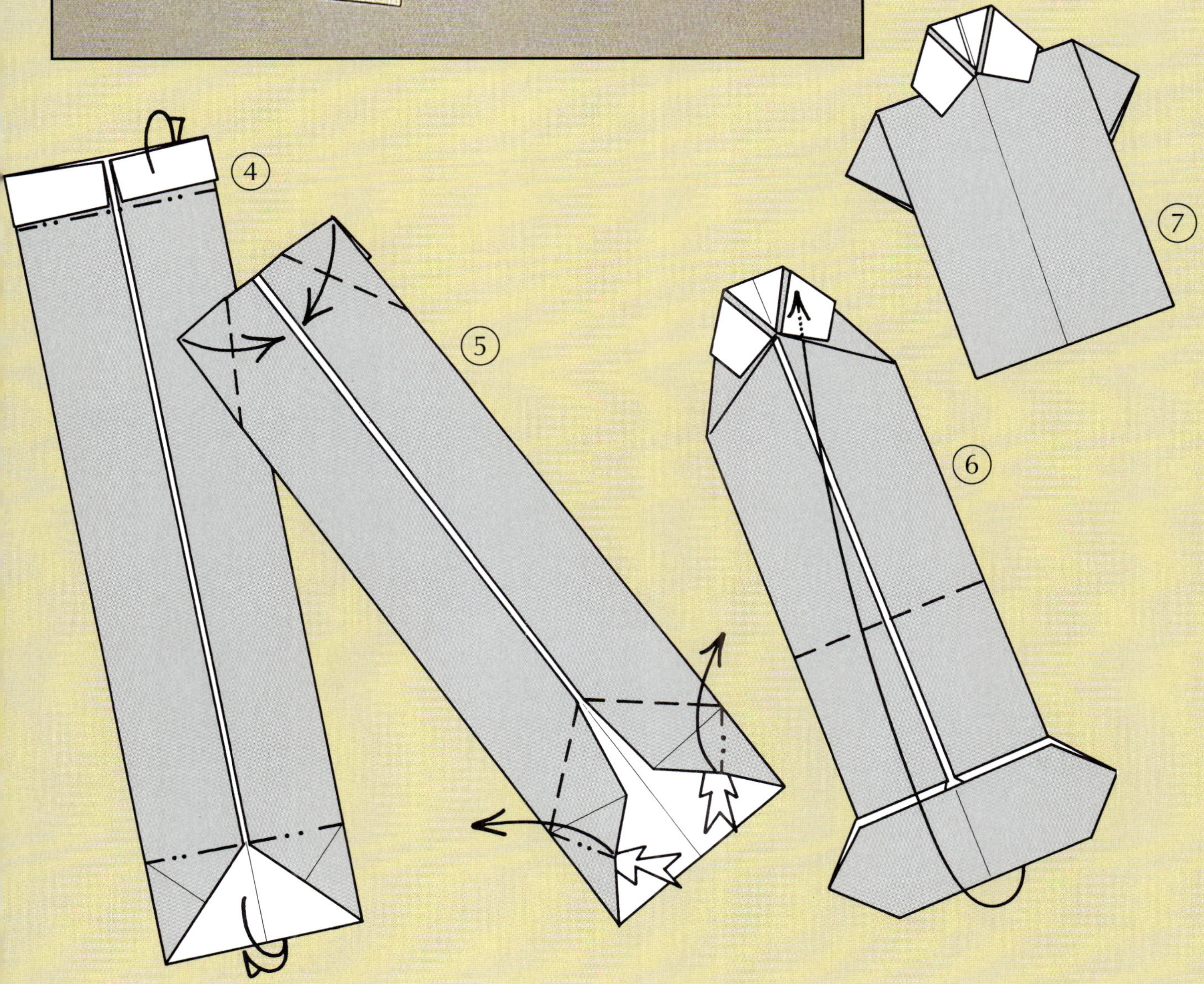
4
5
6
7

Lesezeichen

Nick Robinson

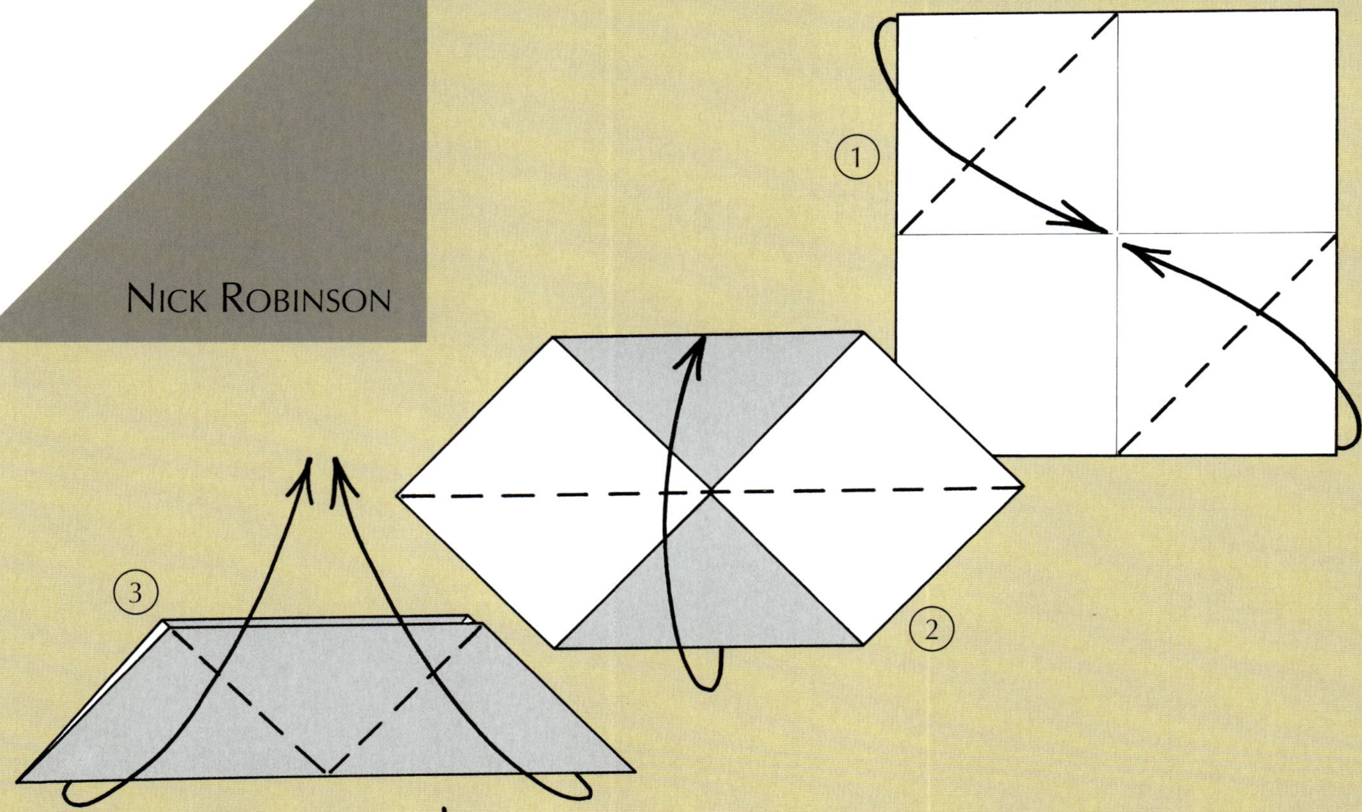

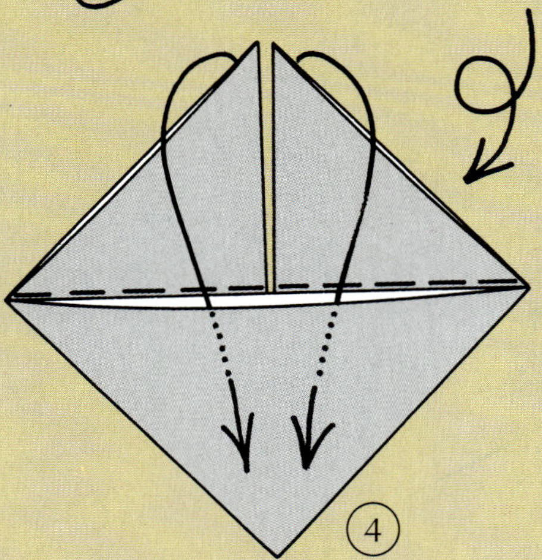

Objekt

THOKI YENN

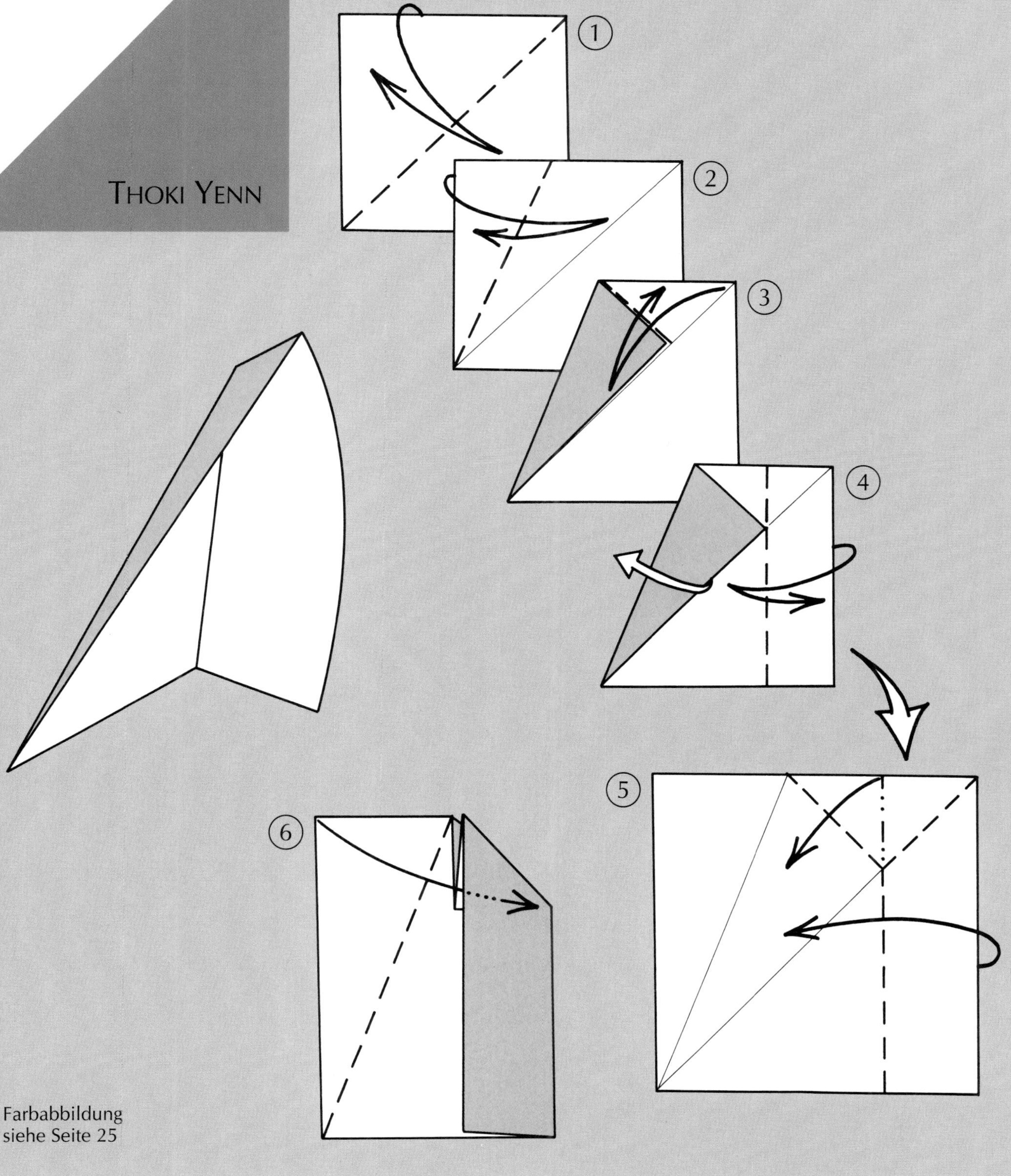

Farbabbildung
siehe Seite 25

Nonne

KUNIHIKO KASAHARA

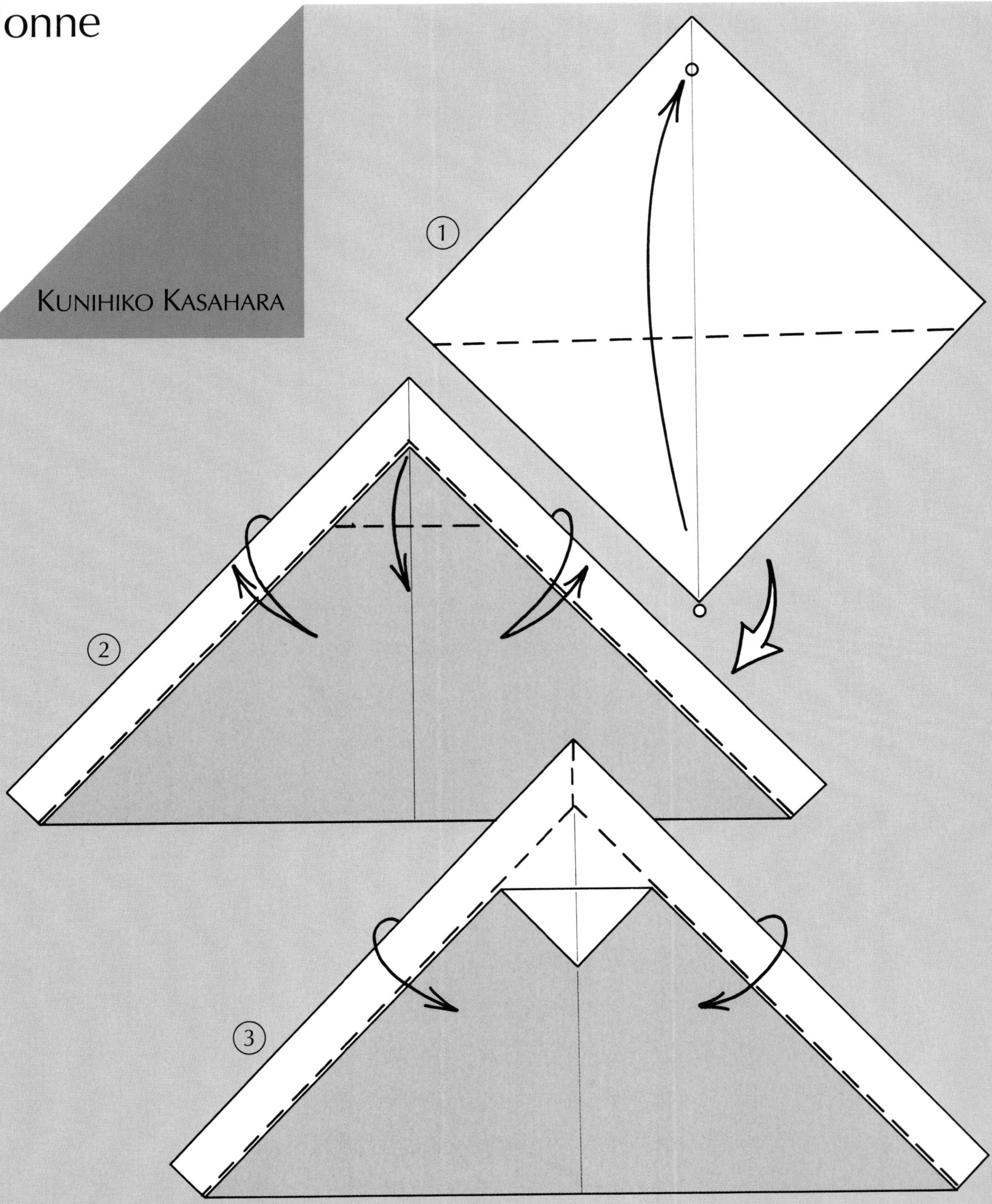

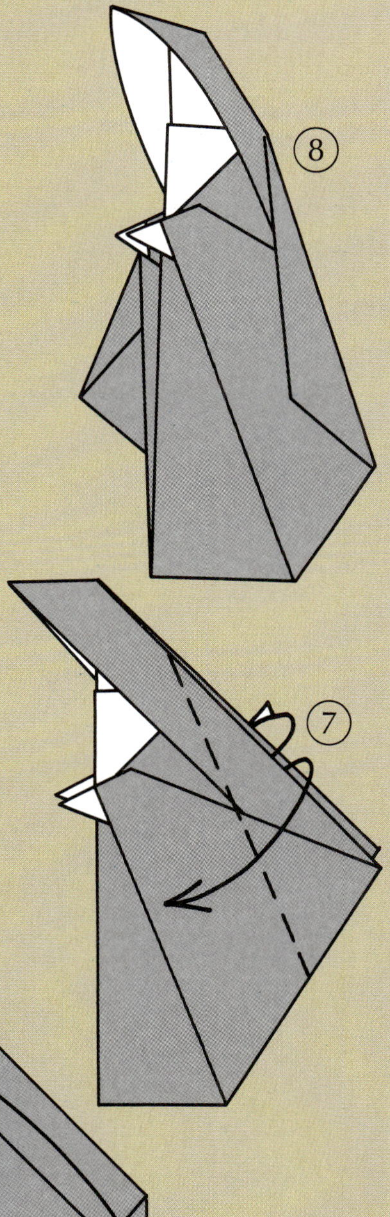
8
7

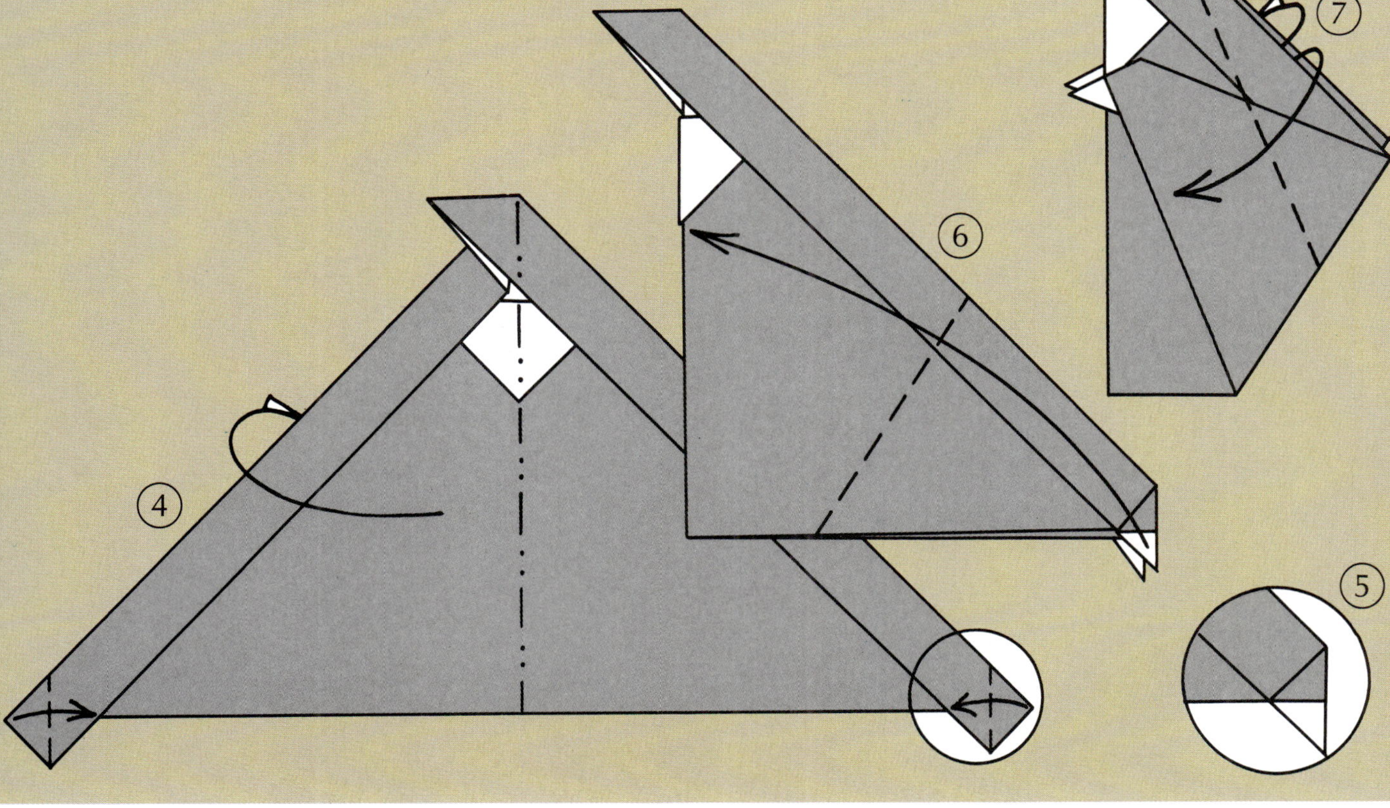
6
5
4

Pfeife

EDWARD MEGRATH

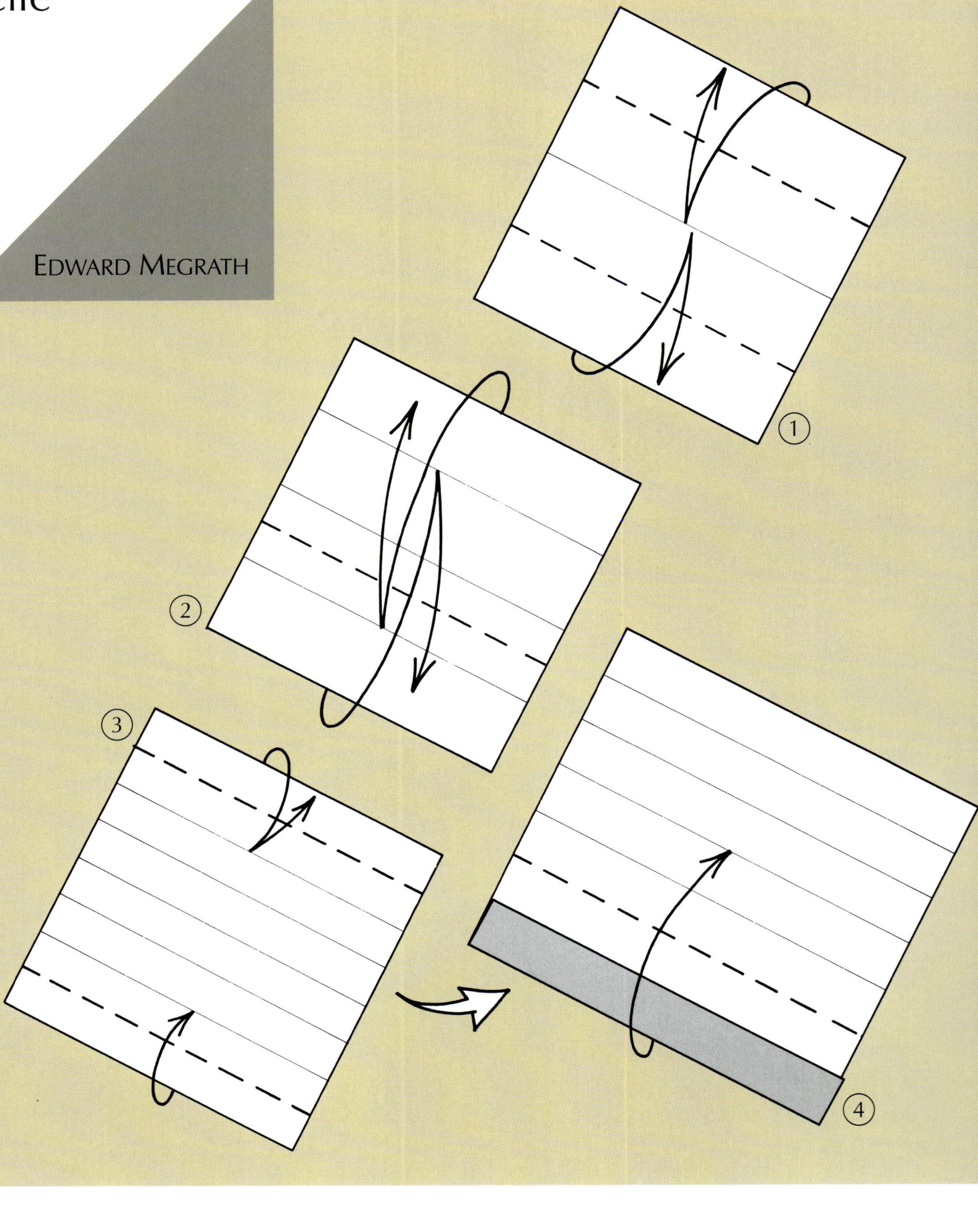

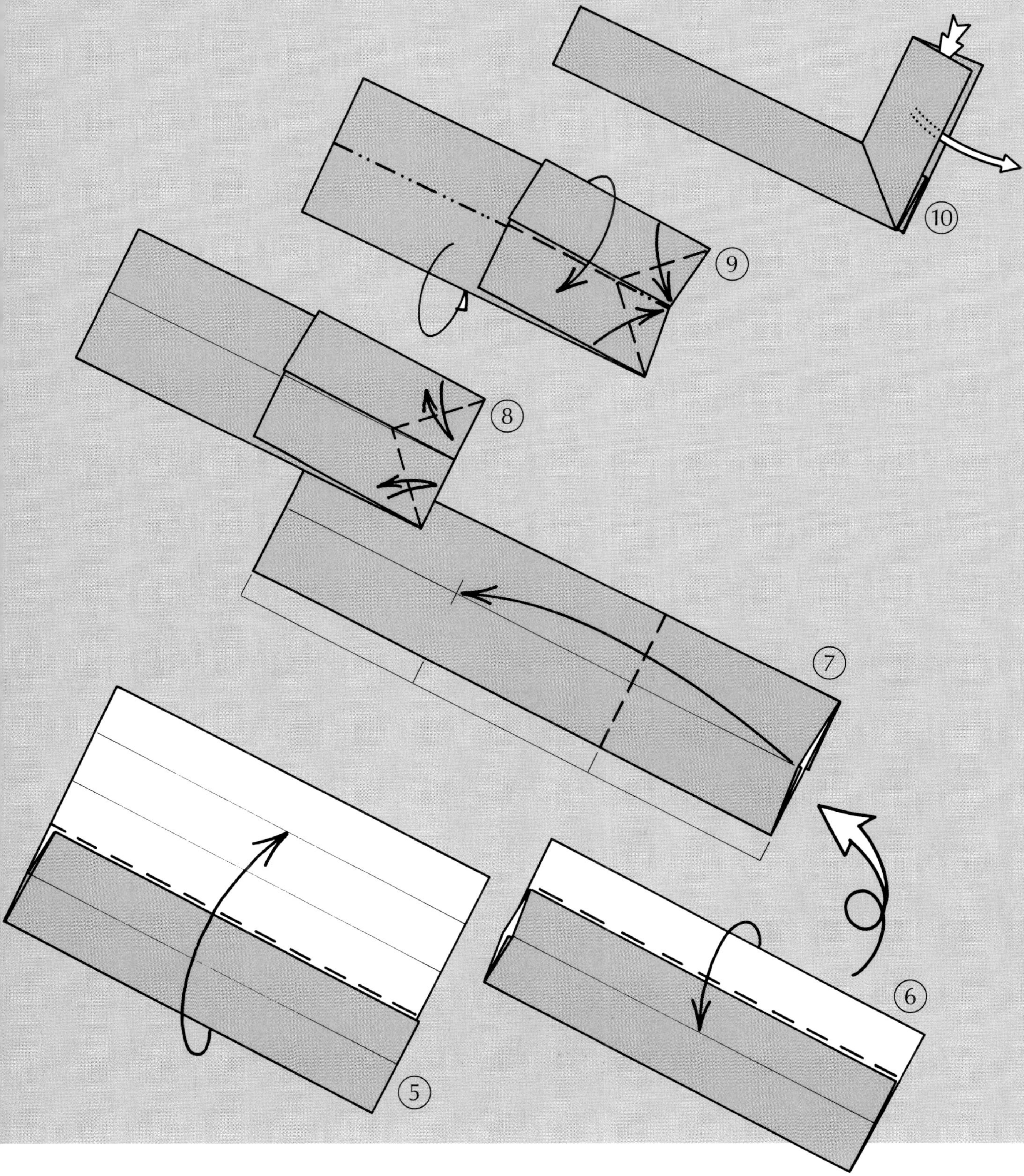

⑩
⑨
⑧
⑦
⑥
⑤

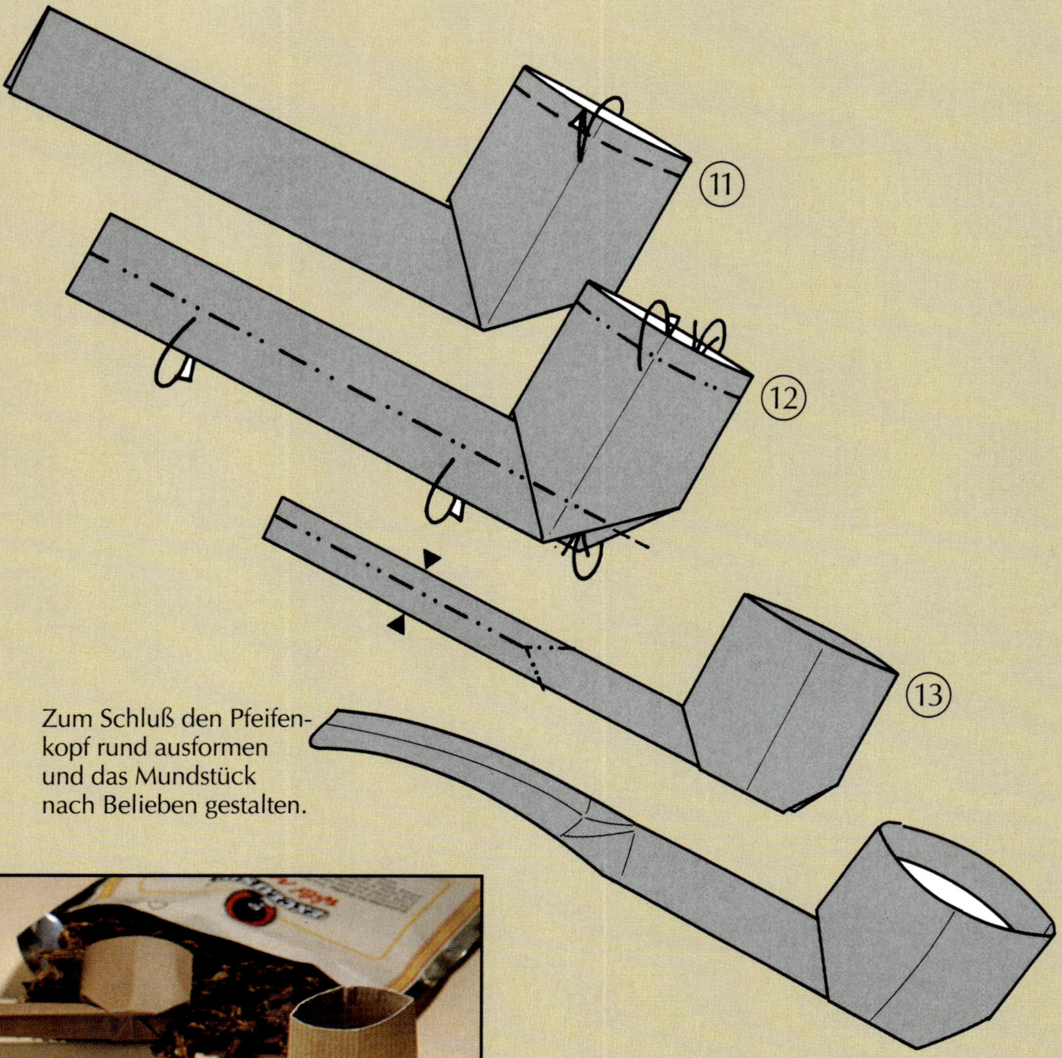

Zum Schluß den Pfeifenkopf rund ausformen und das Mundstück nach Belieben gestalten.

Origami-Zoo

Schüchterner junger Hase

THOKI YENN

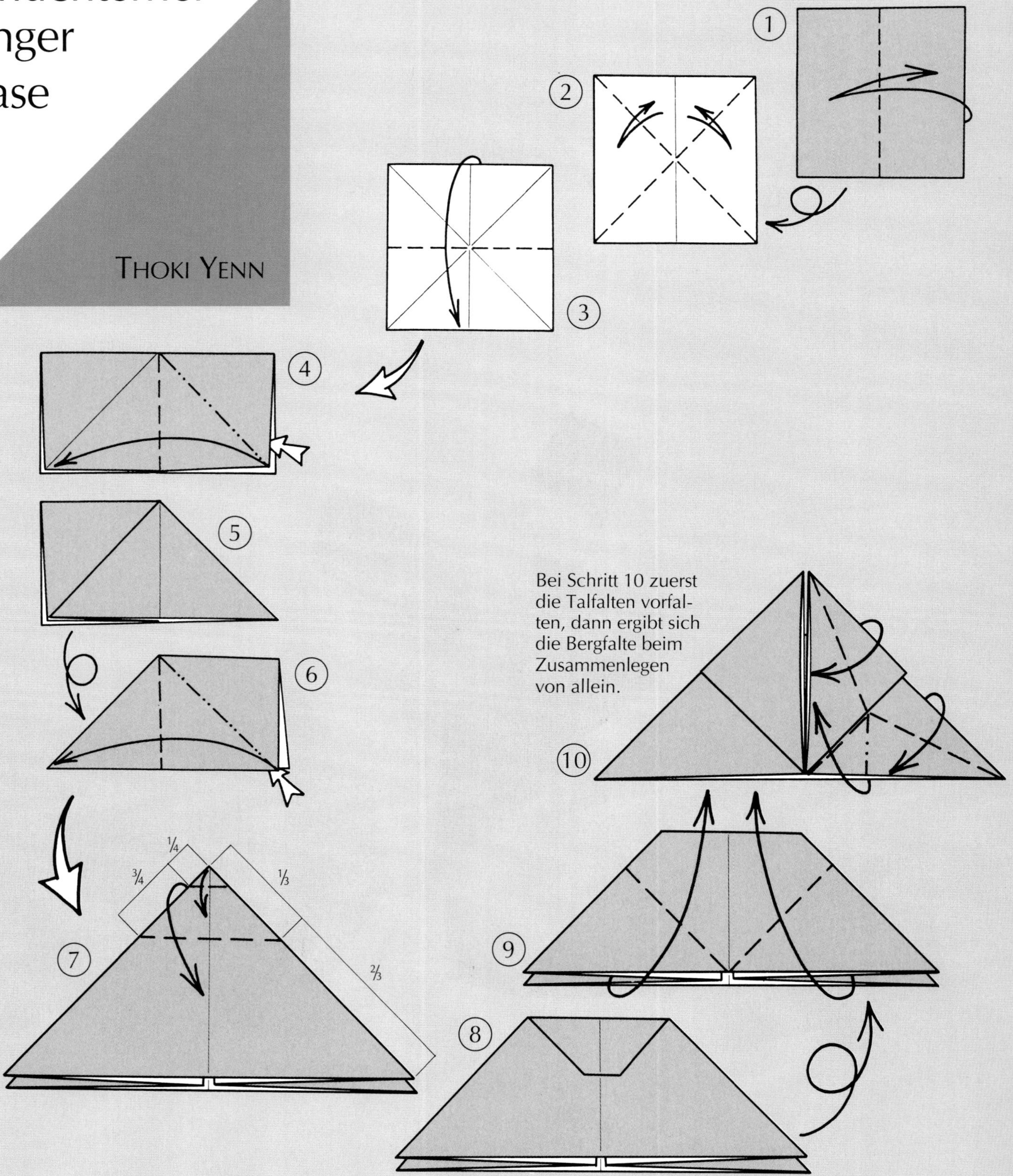

Bei Schritt 10 zuerst die Talfalten vorfalten, dann ergibt sich die Bergfalte beim Zusammenlegen von allein.

Schritt 15-17 auf der anderen Seite wiederholen.

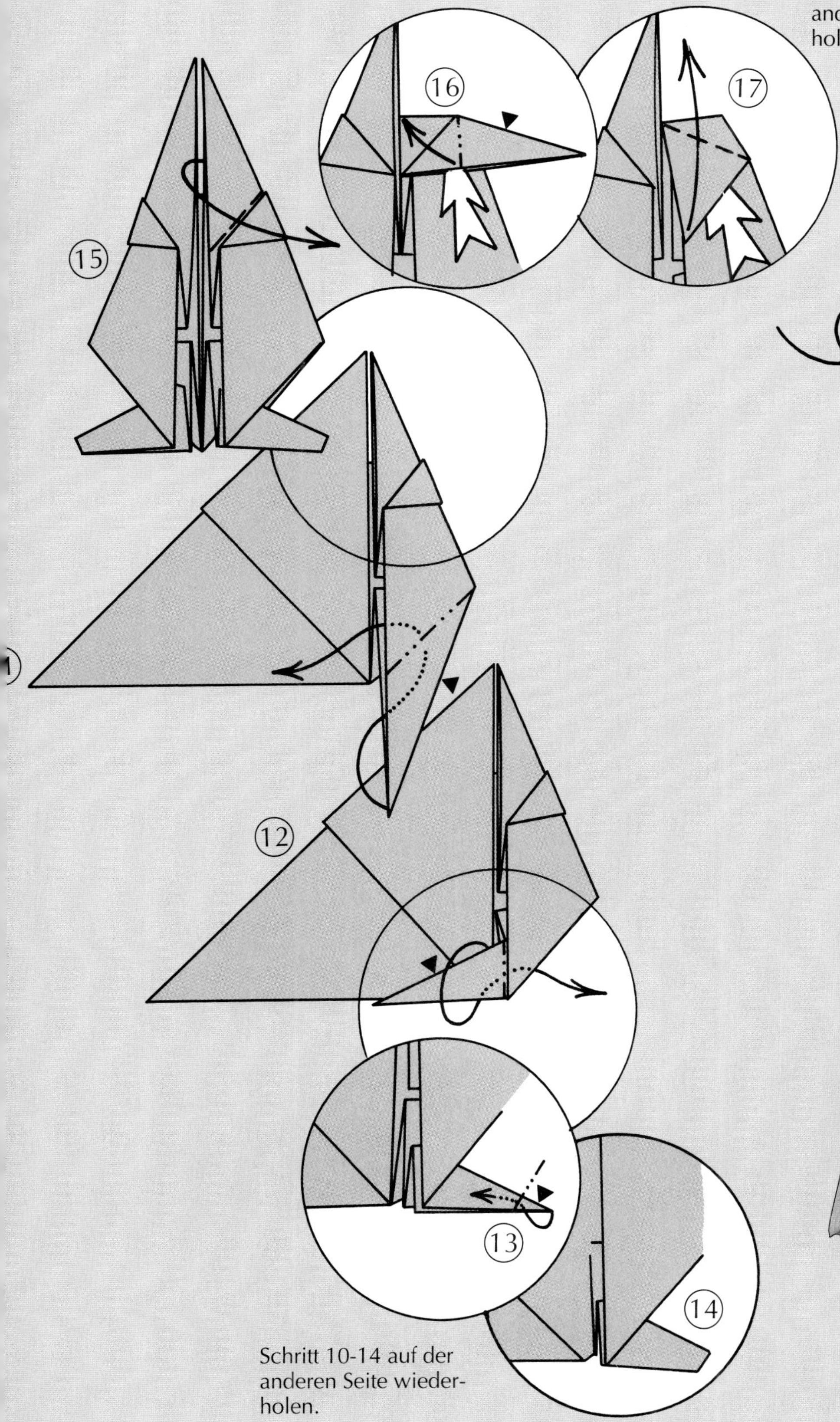

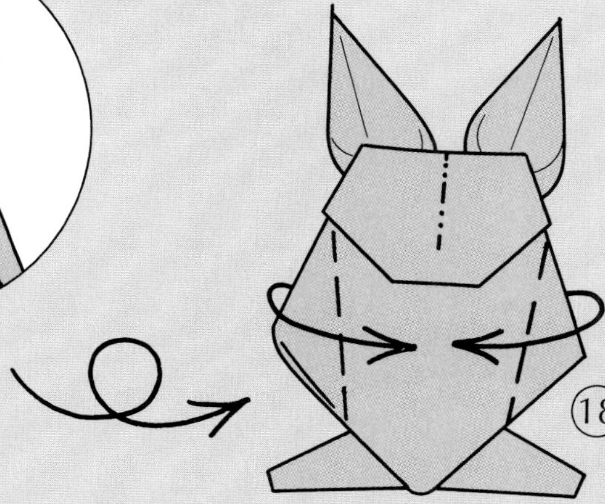

Schritt 10-14 auf der anderen Seite wiederholen.

Elefant

EDWIN CORRIE

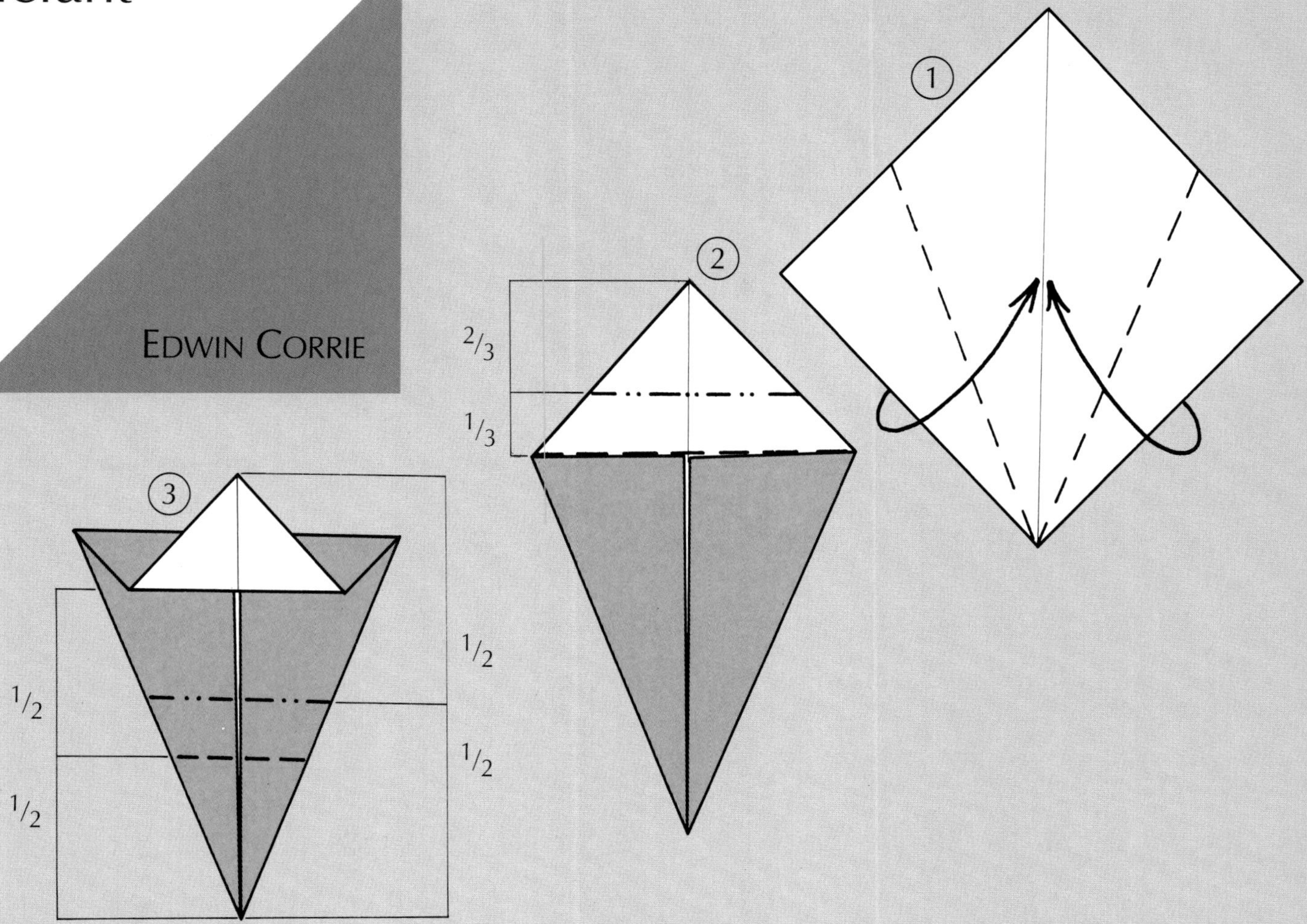

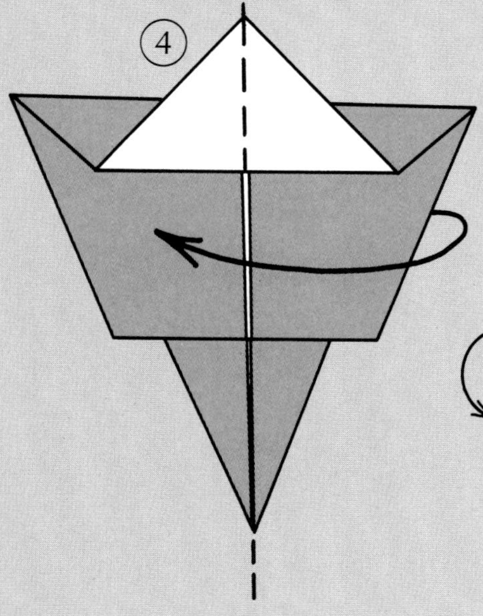

Den Kopf an der markierten Stelle anheben, in die geneigte Position bringen (siehe Schritt 6) und die so entstehenden Talfalten ausführen.

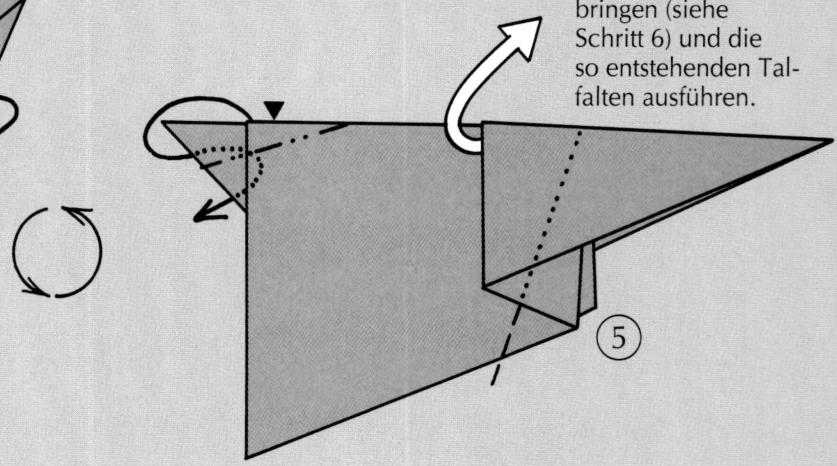

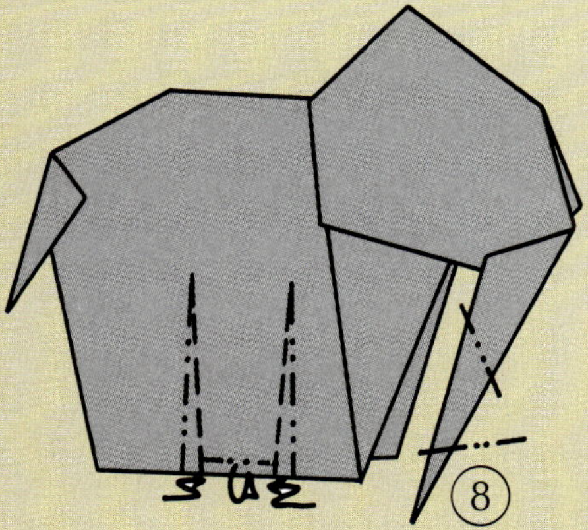

8

Die Faltungen für Schwanz und Beine auf der Rückseite wiederholen.

6

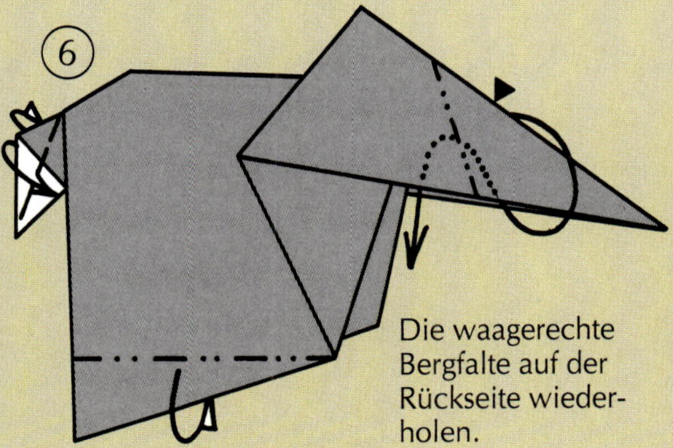

Die waagerechte Bergfalte auf der Rückseite wiederholen.

7

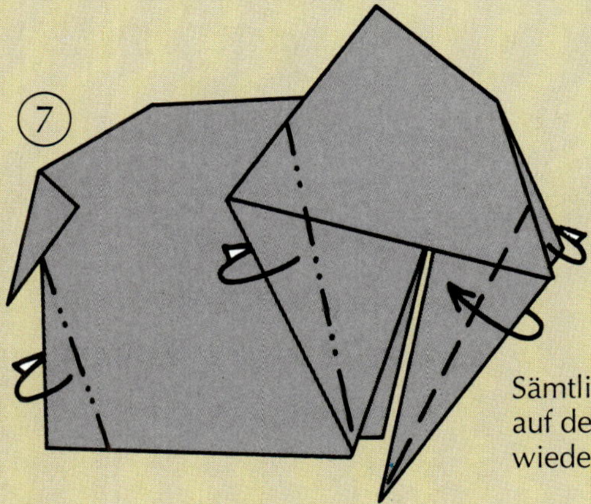

Sämtliche Faltungen auf der Rückseite wiederholen.

Frosch

JUAN GIMENO

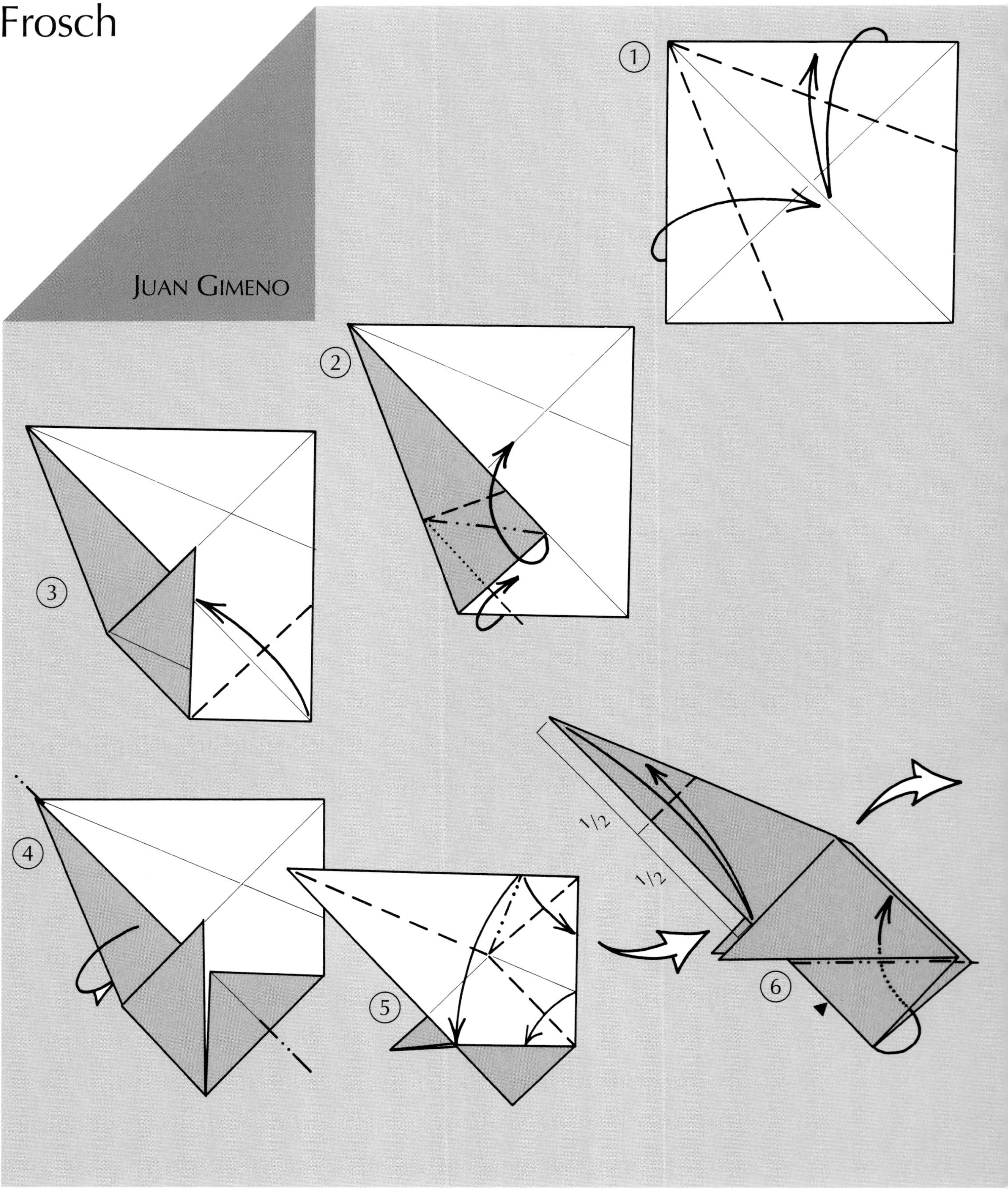

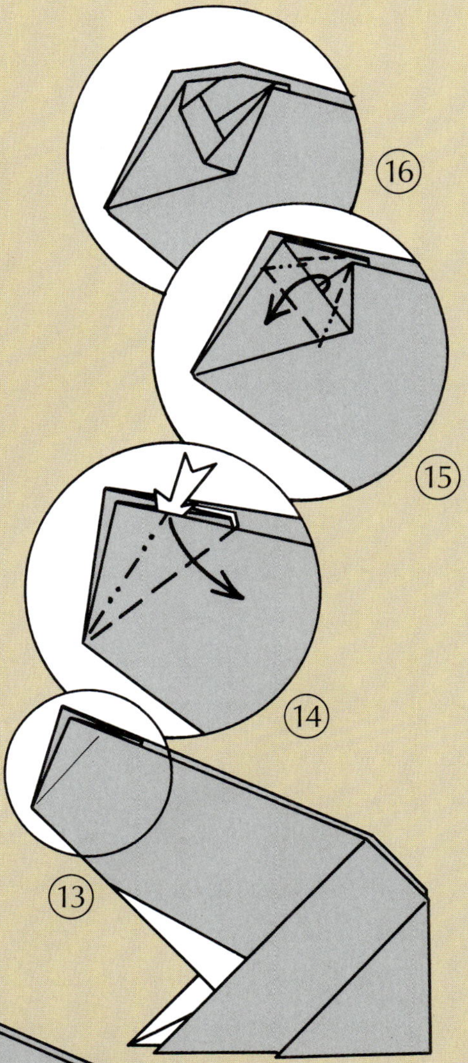

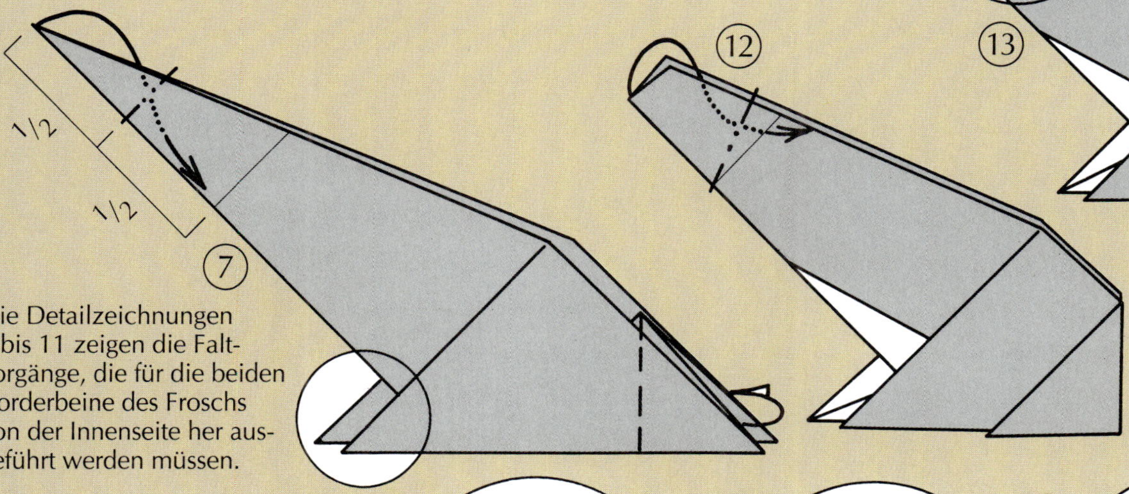

Die Detailzeichnungen 8 bis 11 zeigen die Faltvorgänge, die für die beiden Vorderbeine des Froschs von der Innenseite her ausgeführt werden müssen.

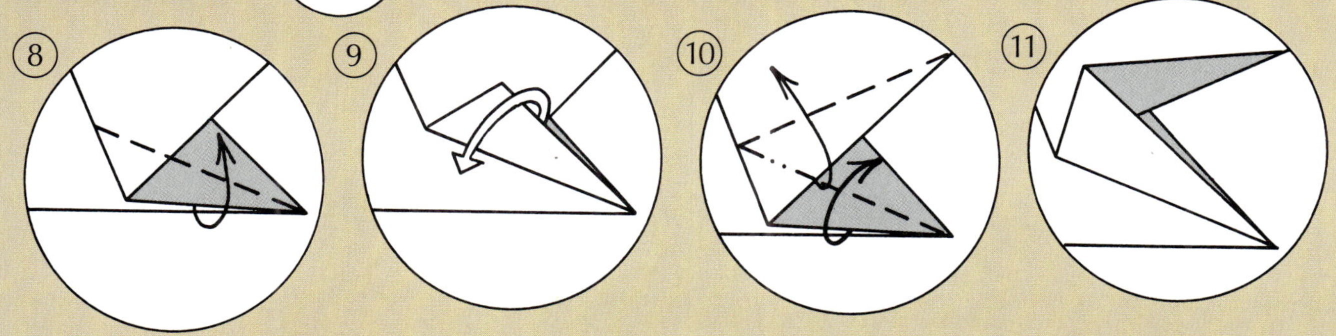

Maus

Eduardo Clemente

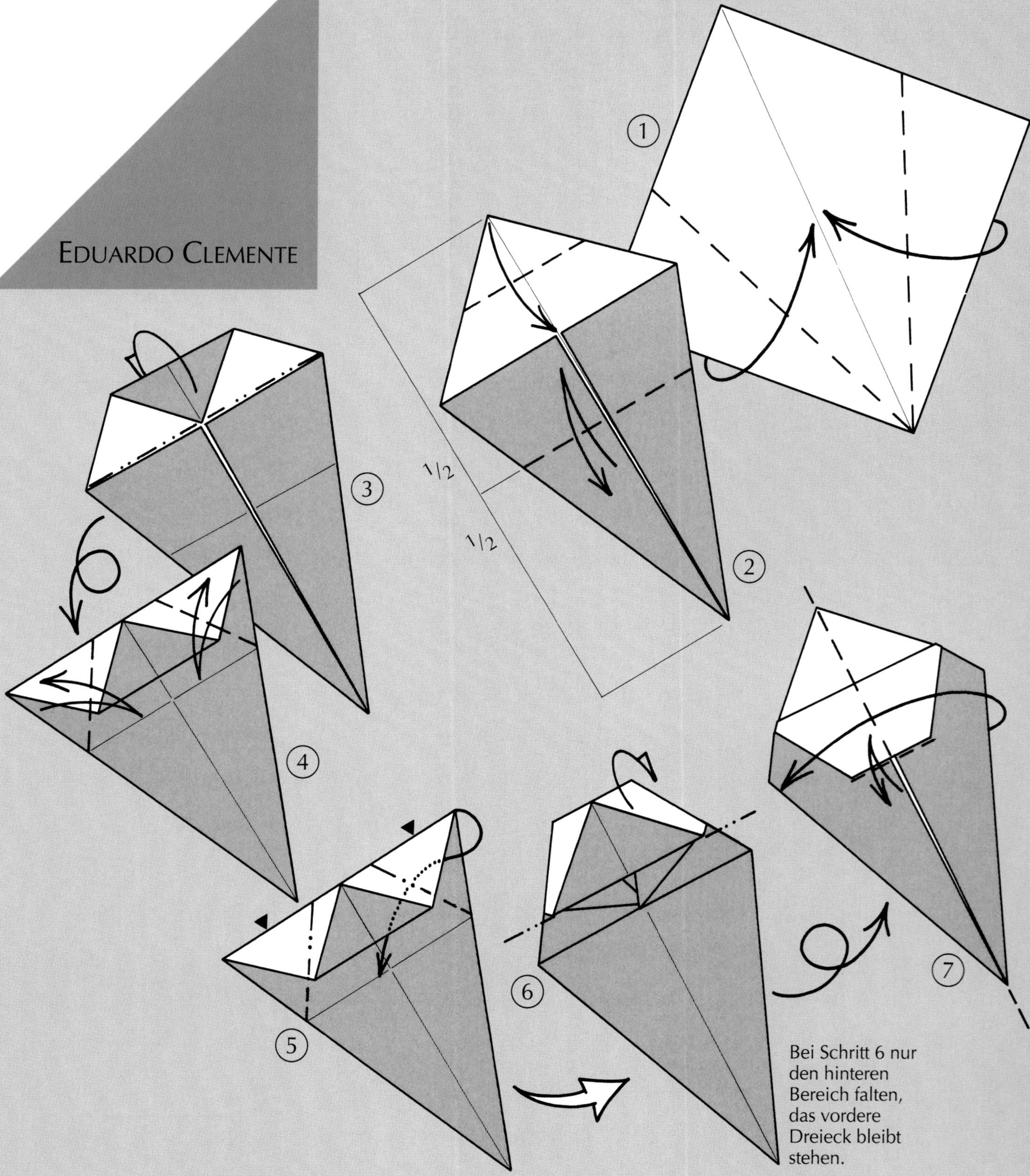

Bei Schritt 6 nur den hinteren Bereich falten, das vordere Dreieck bleibt stehen.

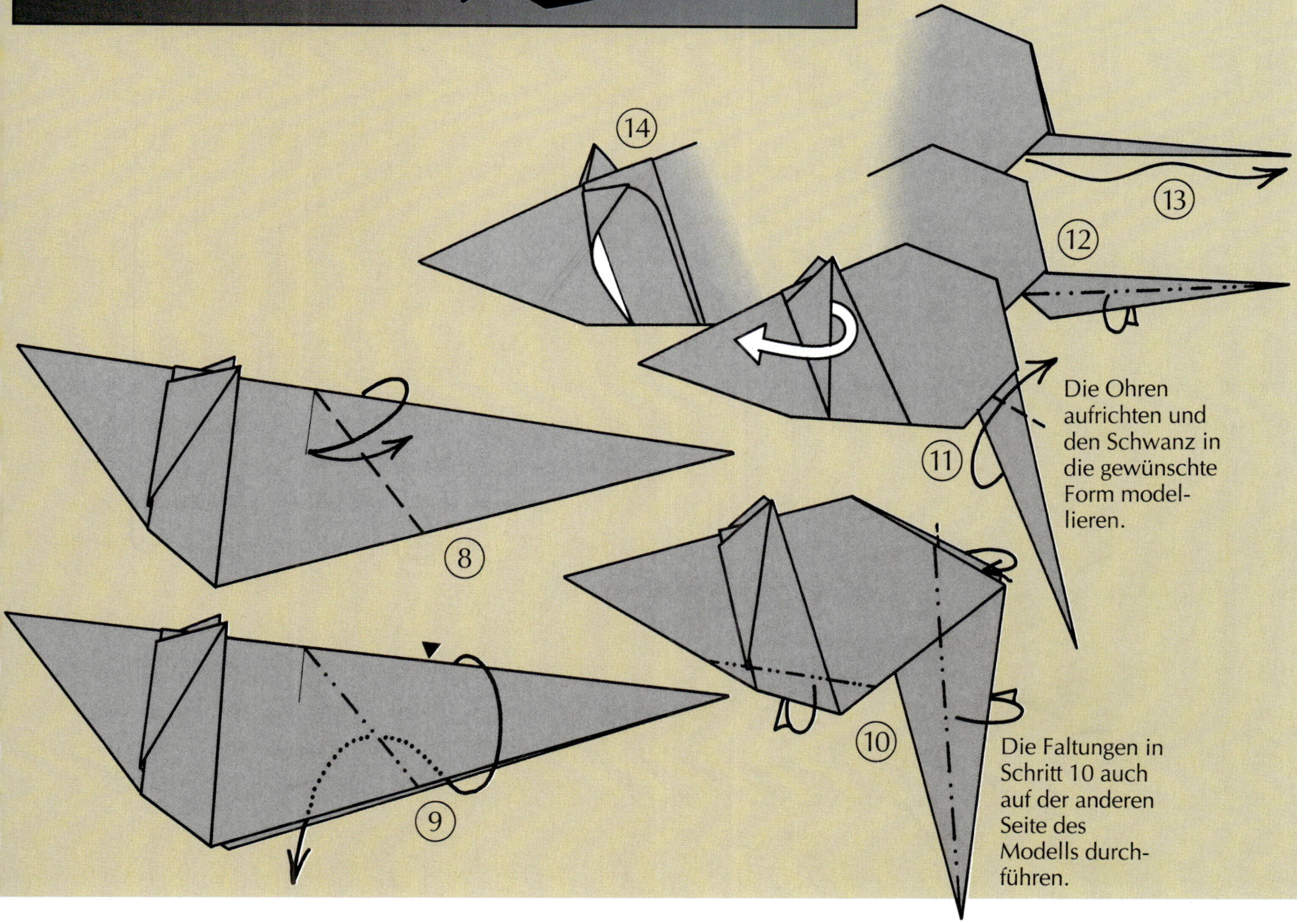
14
13
12
Die Ohren aufrichten und den Schwanz in die gewünschte Form modellieren.
11
8
10
Die Faltungen in Schritt 10 auch auf der anderen Seite des Modells durchführen.
9

Panda

Kunihiko Kasahara

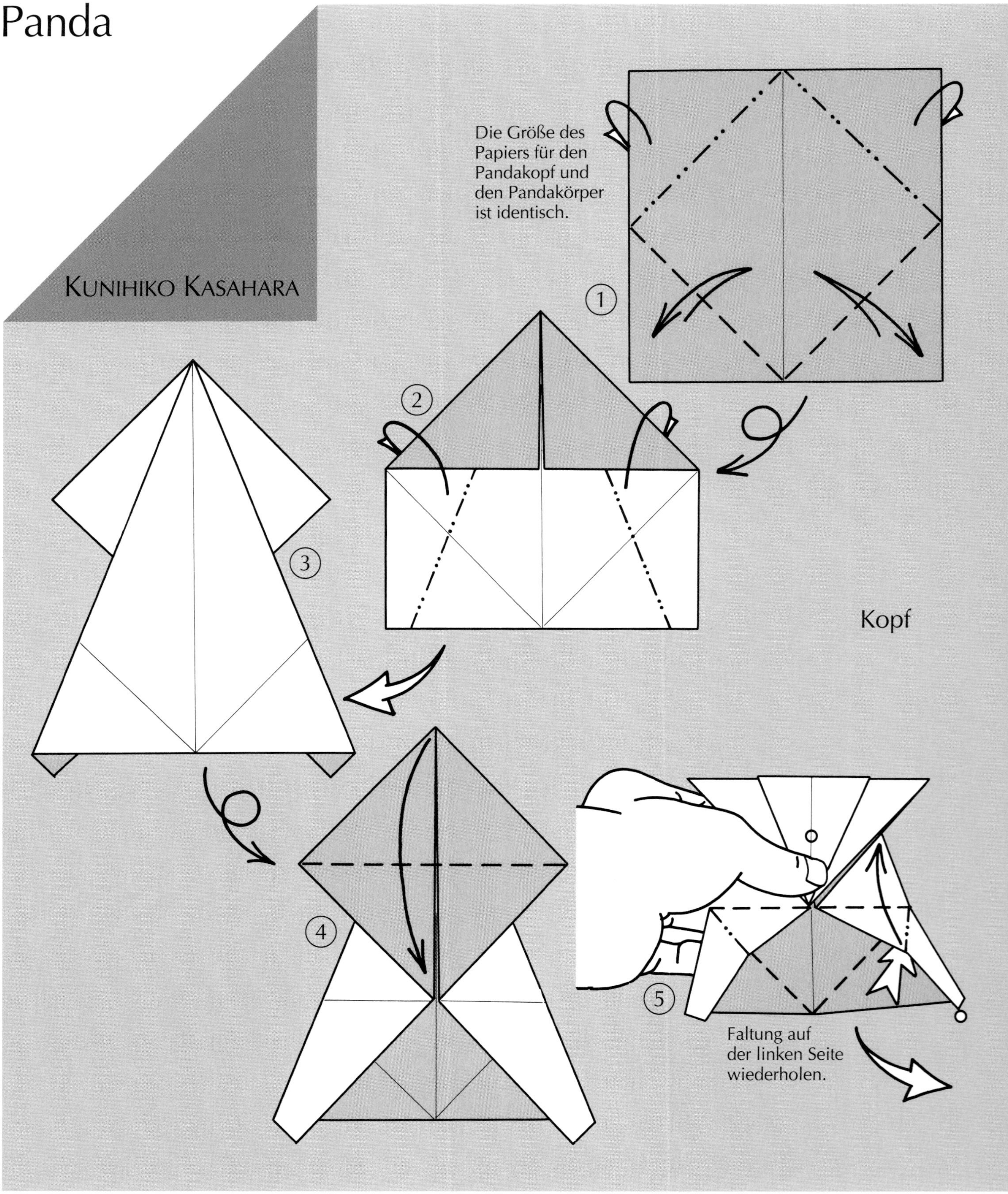

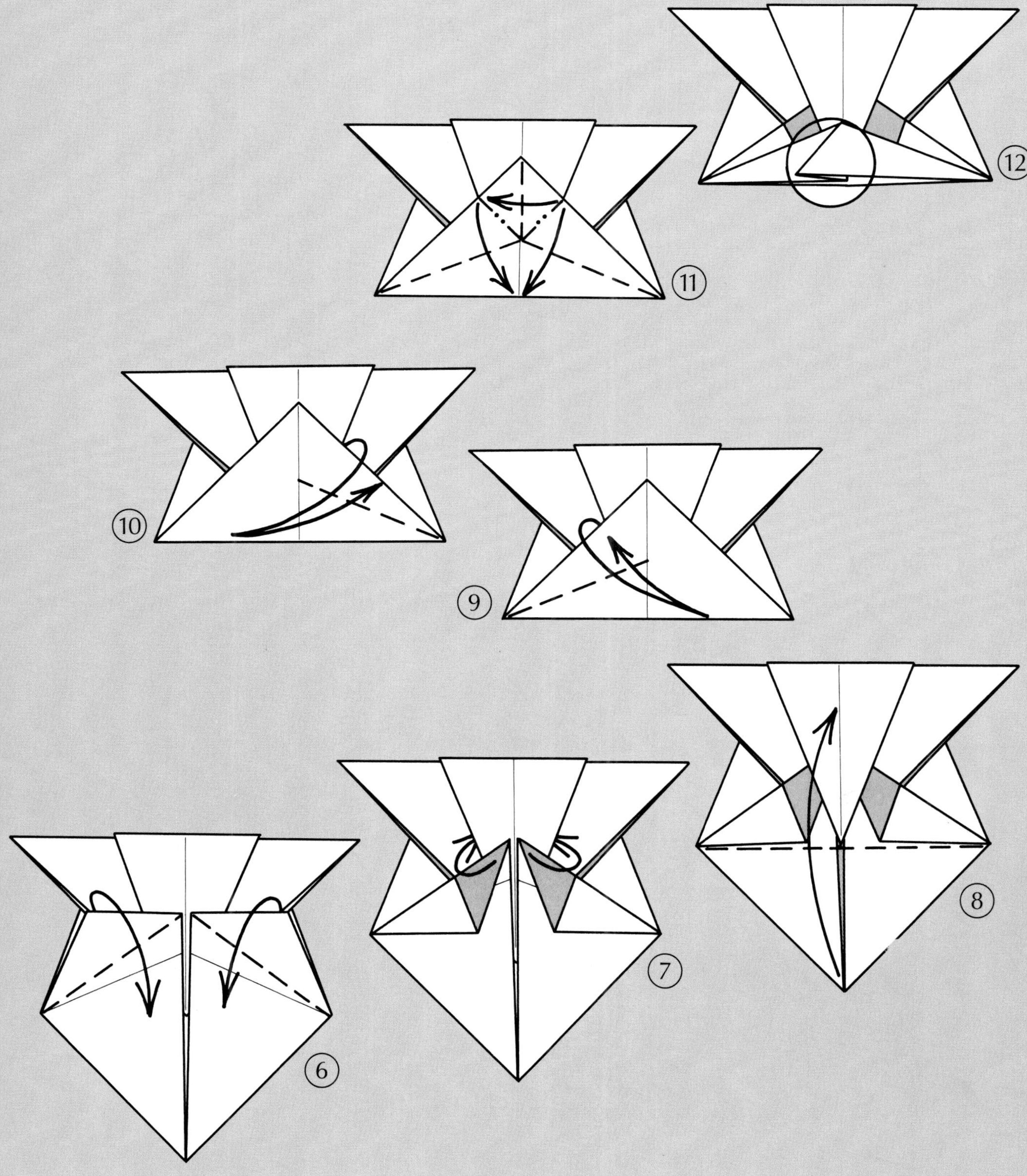

12
11
10
9
8
7
6

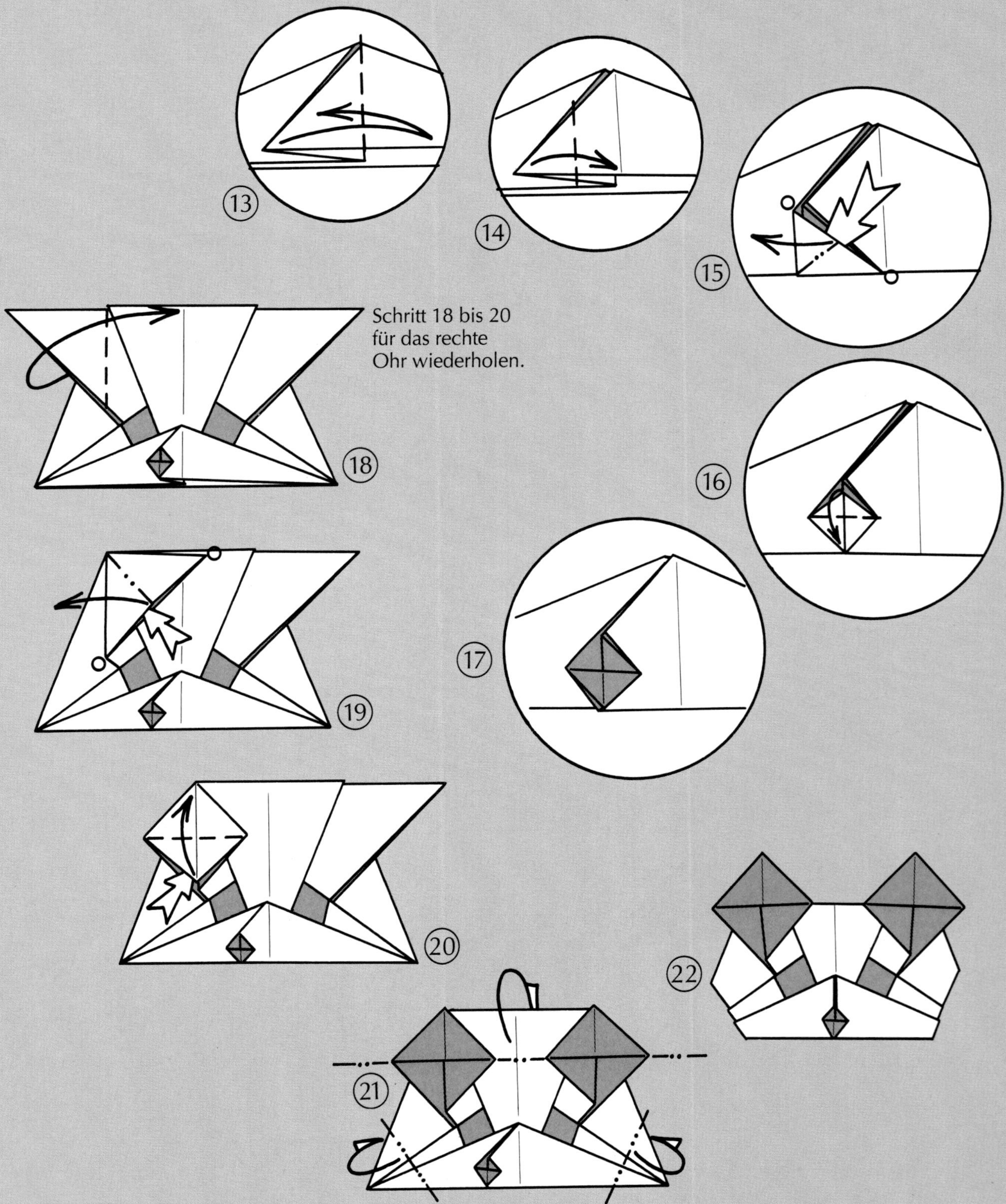

Schritt 18 bis 20 für das rechte Ohr wiederholen.

Körper

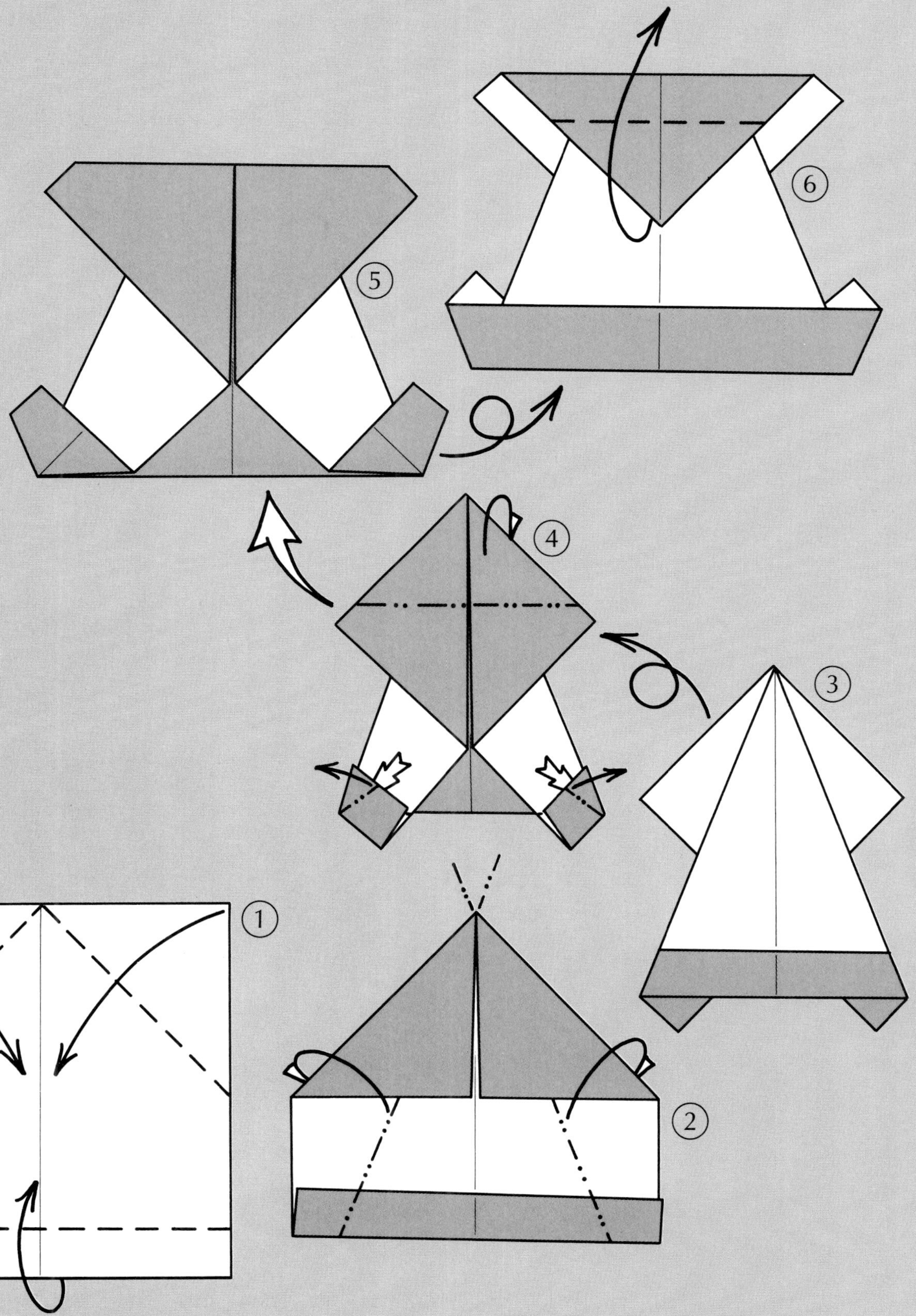

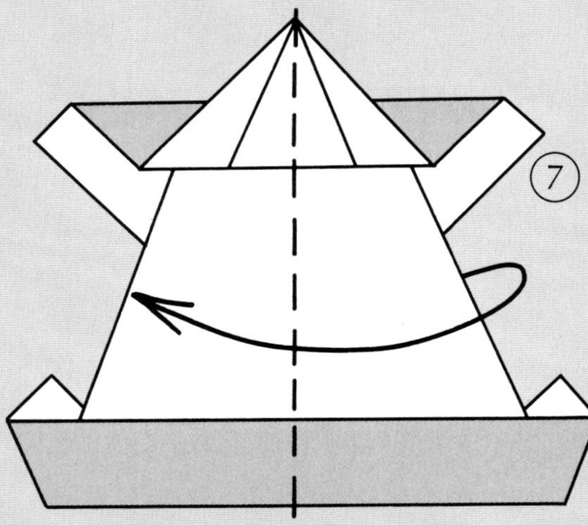

Den Kopf in der gewünschten Stellung auf dem Körper ausbalancieren.

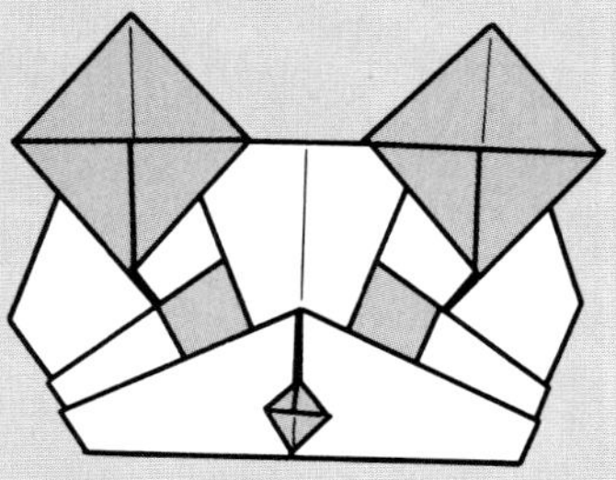

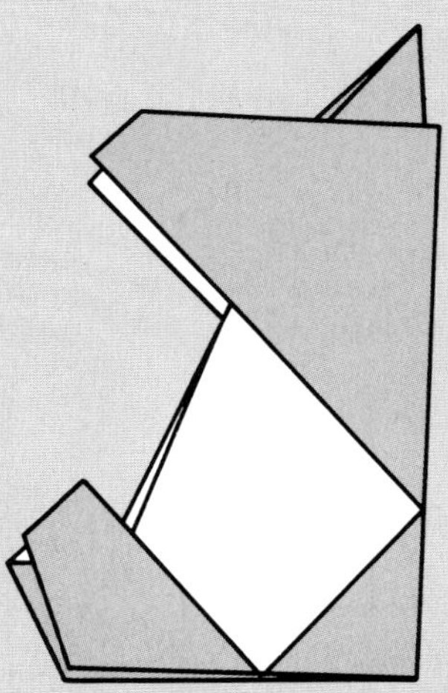

Fürs Büro zu Hause

Bilderrahmen

Larry Hart

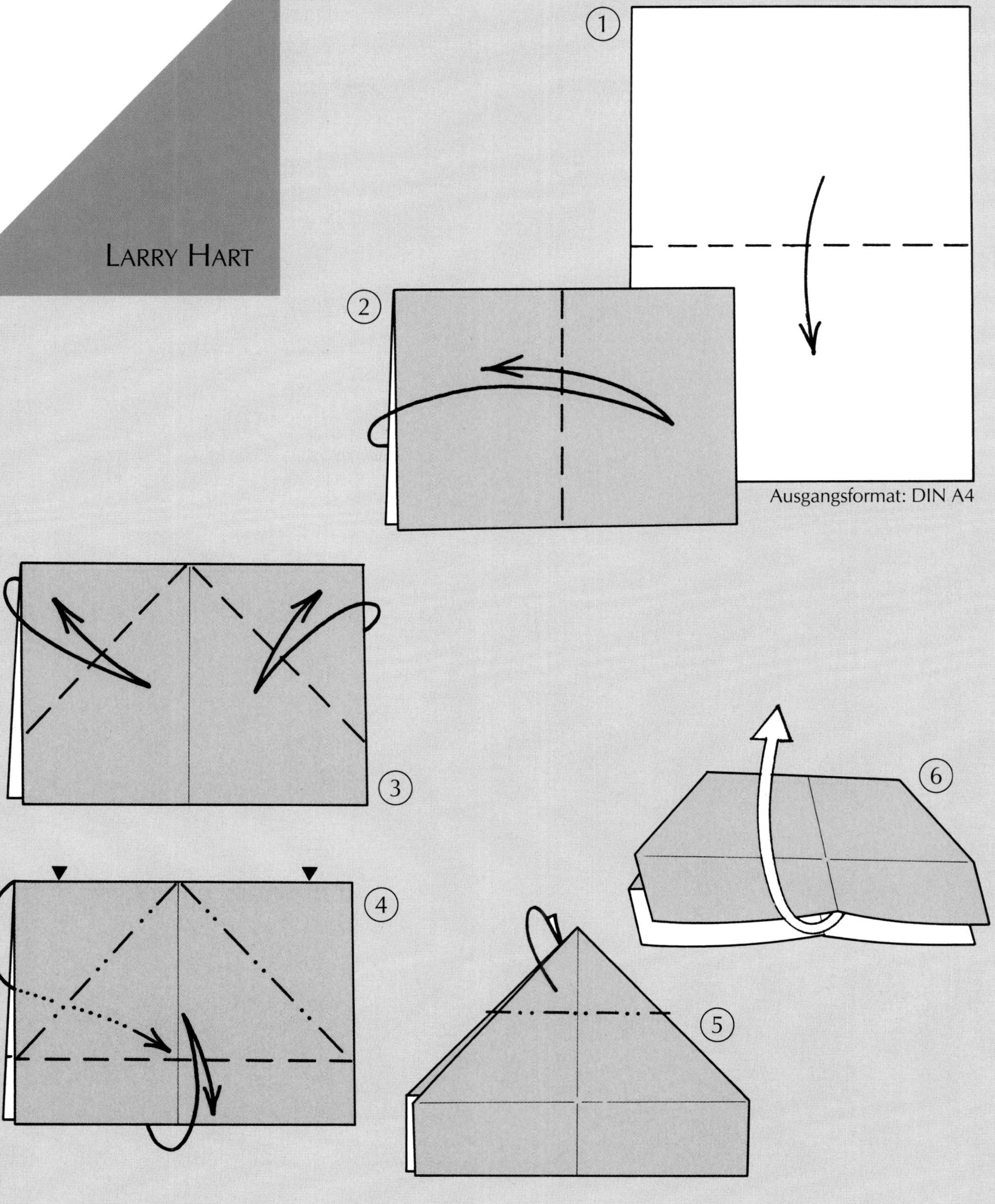

In Schritt 9 und 10 werden die horizontalen und vertikalen Begrenzungen entsprechend der Maße des Photos gefaltet. (Im hier gezeigten Beispiel ist es das Postkartenformat 10,5 x 15 cm)

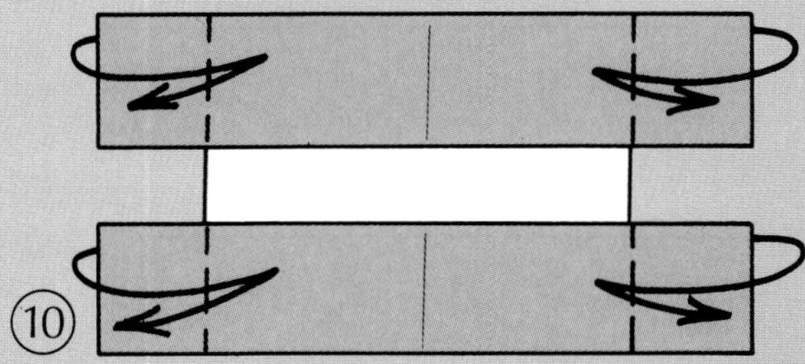

Nach dem Ausführen der Faltungen in Schritt 10 das Photo herausnehmen…

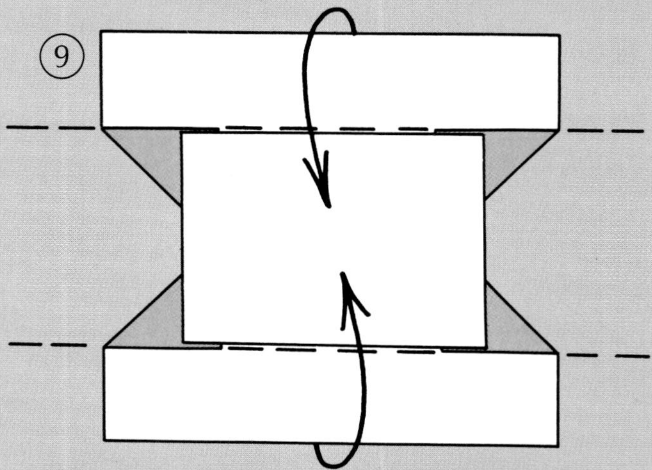

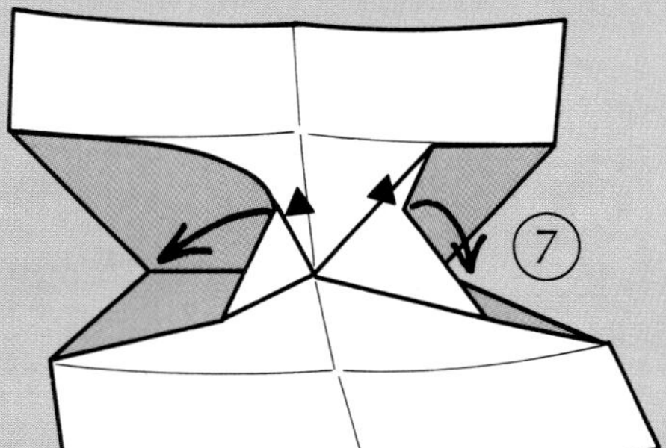

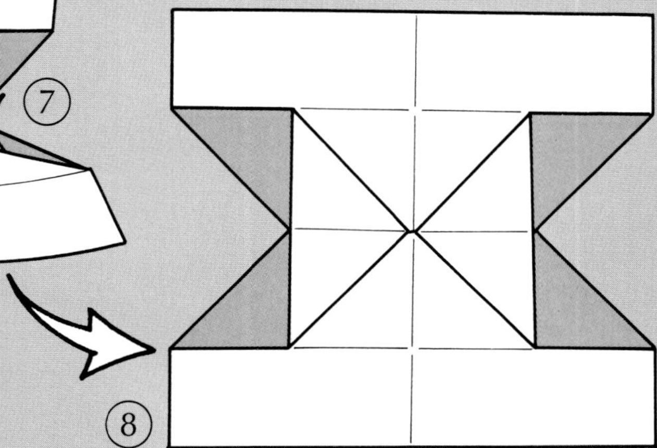

Jetzt wird das für den Bilderrahmen vorgesehene Photo mittig auf die Faltung gelegt.

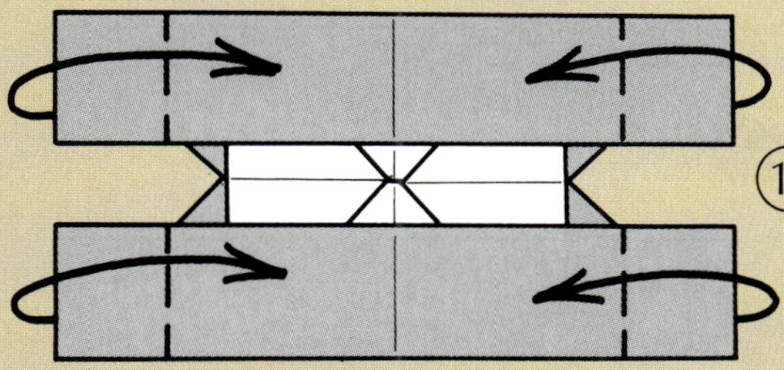

(11)

…die Faltungen von
Schritt 11 ausführen
und dann…

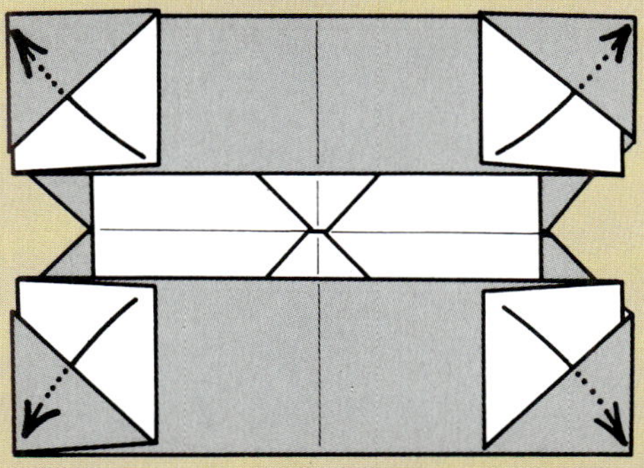

(12)

…das Photo in die
entstandenen Ecken
einschieben. Fertig!

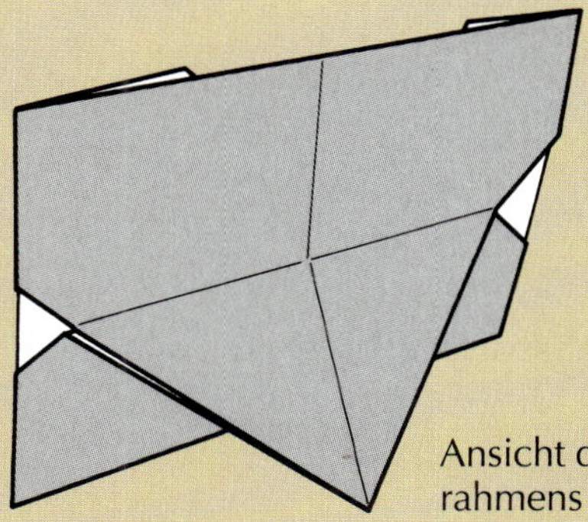

Ansicht des Bilder-
rahmens von hinten.

Notizbuch

Martin Wall

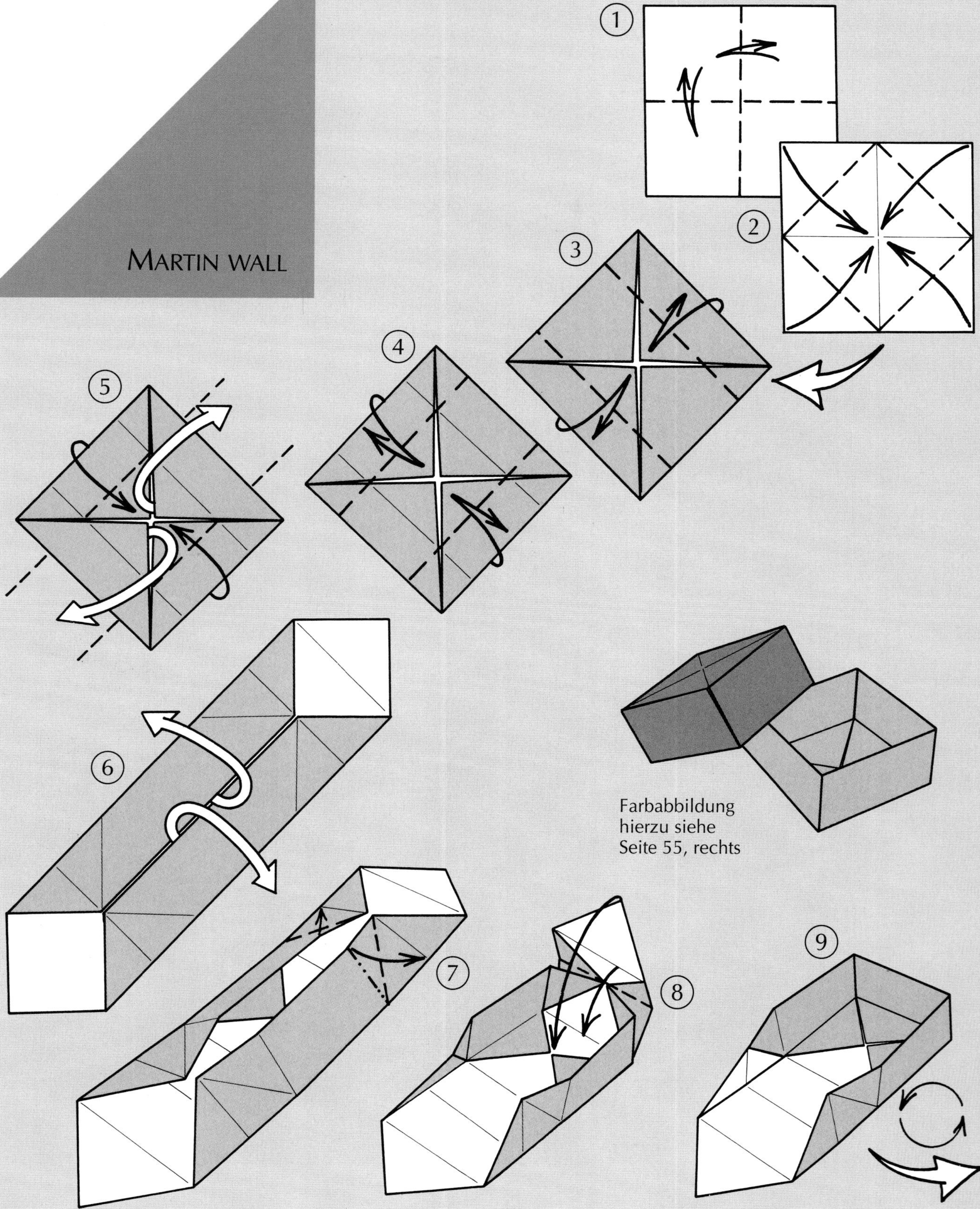

Farbabbildung
hierzu siehe
Seite 55, rechts

Wenn bei Schritt 9 die Faltung von Schritt 8 auf der anderen Seite wiederholt wird, entsteht eine traditionelle Schachtel. Wird Schritt 9 übersprungen und mit Schritt 10 fortgefahren, erhält man zum Schluß als Ergebnis das Notizbuch. Dafür muß aber bei Schritt 1 das Papier mit der Falte nach oben liegen.

⑩

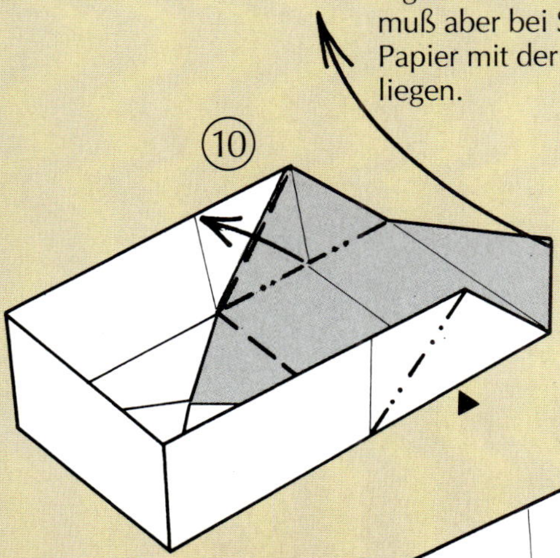

⑪

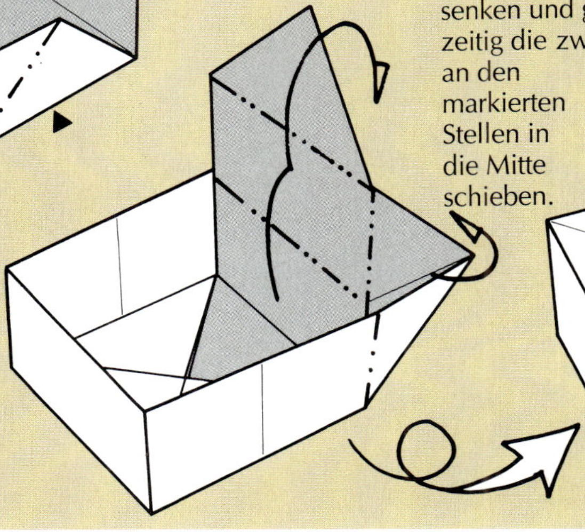

Der Mittelpunkt versenken und gleichzeitig die zwei Seiten an den markierten Stellen in die Mitte schieben.

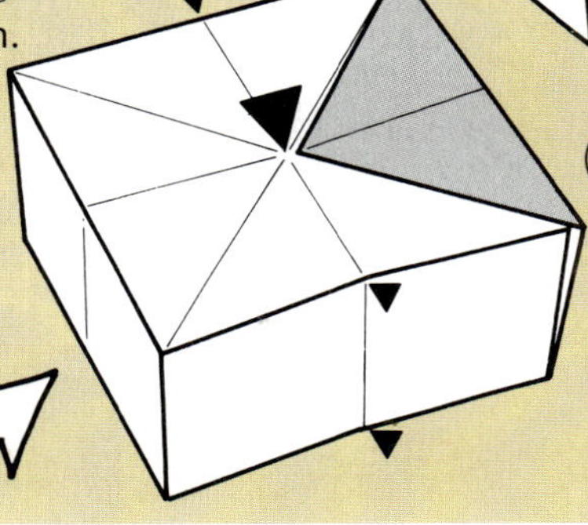

⑫

⑬

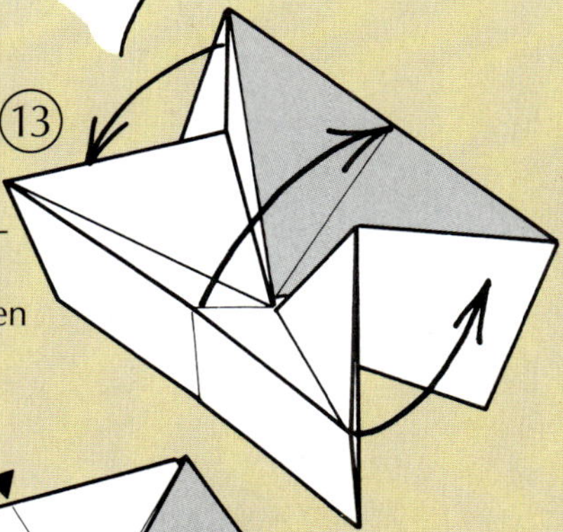

⑭

⑮

Container

GIUSEPPE BAGGI

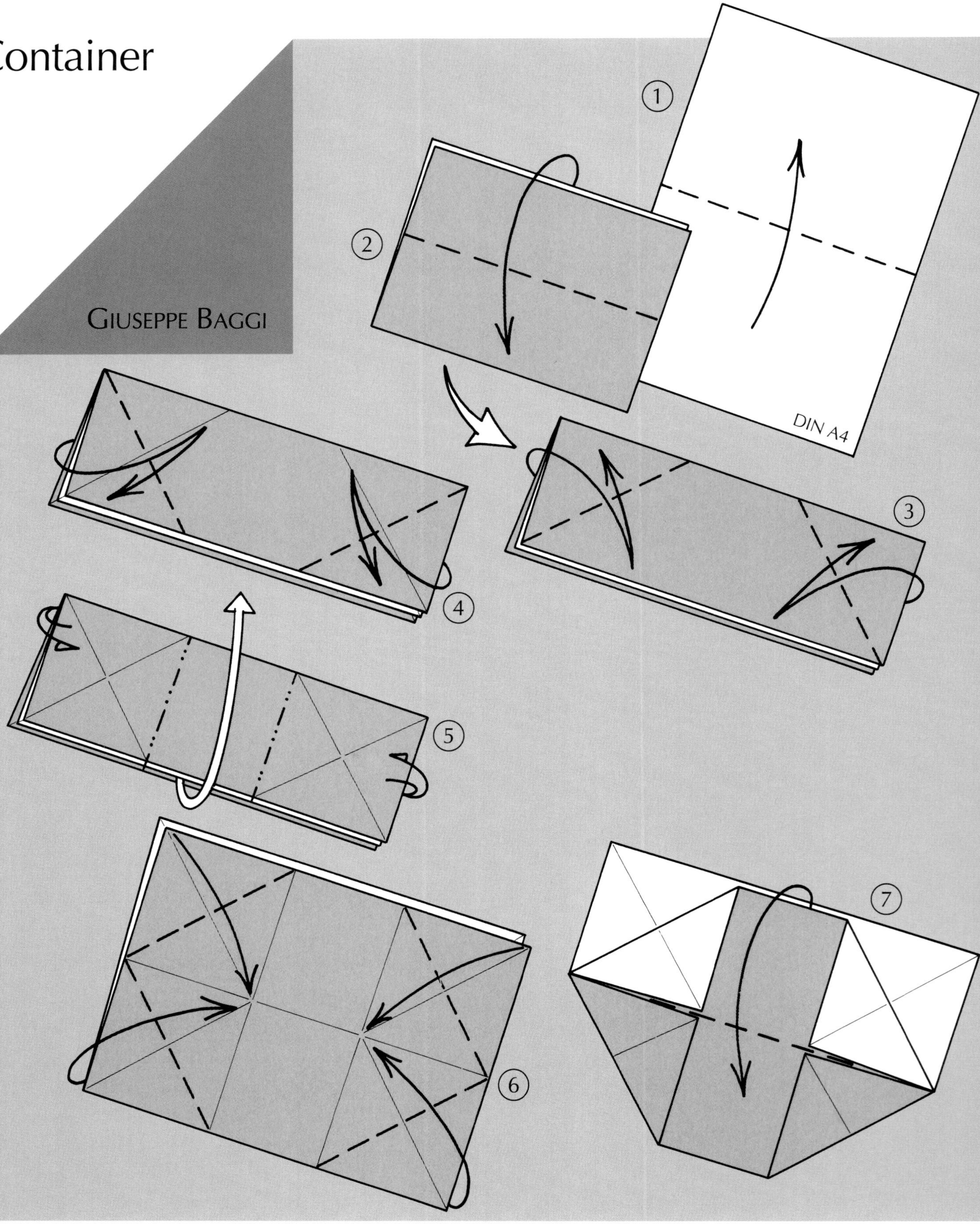

Dieser Container ist das Ergebnis, wenn das DIN A4-Papier in Schritt 1 durch die Talfalte nicht quer, sondern längs geteilt wird und die weiteren Schritte auf der neuen Ausgangsbasis ausgeführt werden.

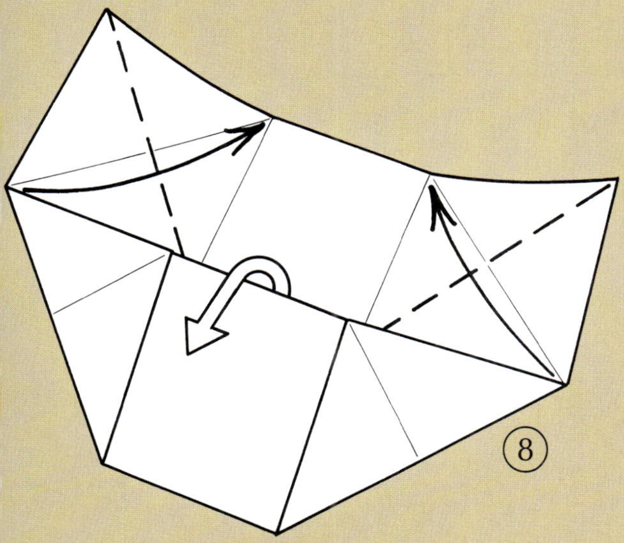

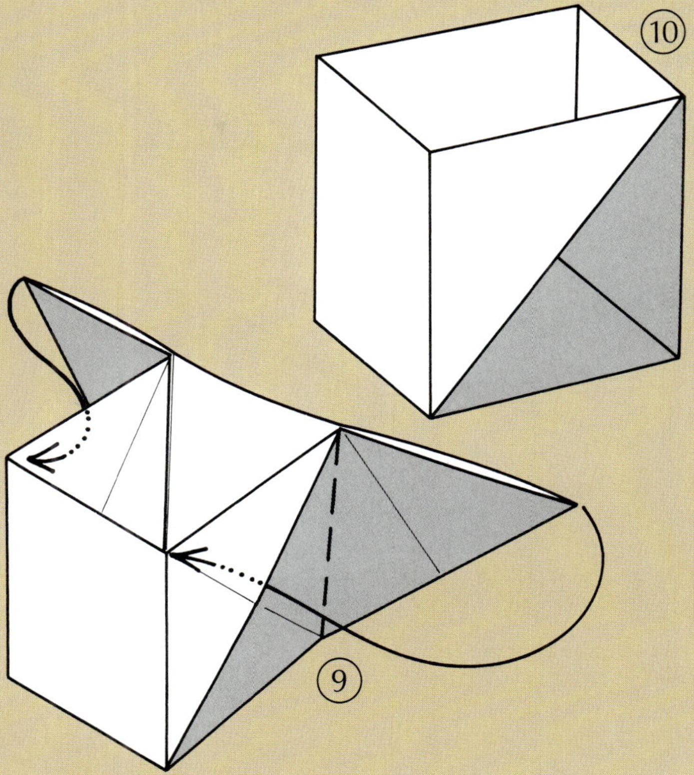

Mappe

Humi Huzita

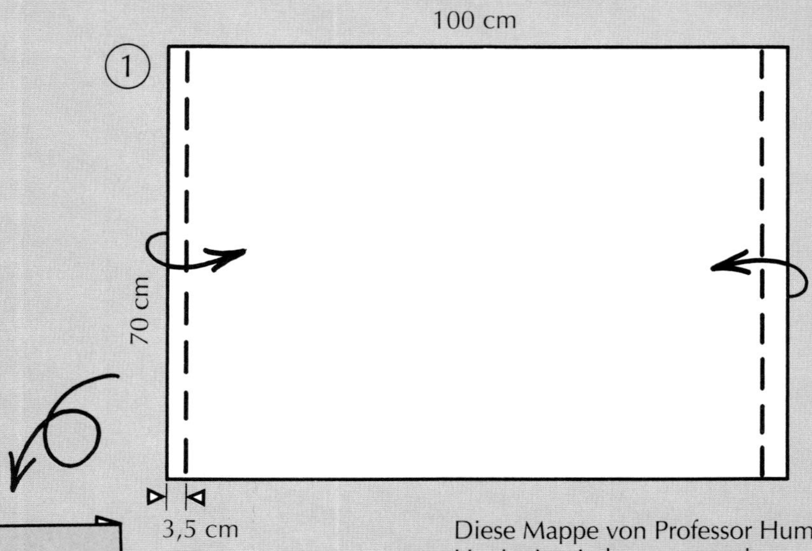

Diese Mappe von Professor Humi Huzita ist ein hervorragendes Beispiel für eine „Origami Design Linie".
Sie überzeugt in ihrem Faltvorgang durch logische Schritte und in ihrem Ergebnis durch hohe Funktionalität. Diese Verbindung von Faltvorgang, Design und Gebrauchswert steht für Professor Huzita im Vordergrund.

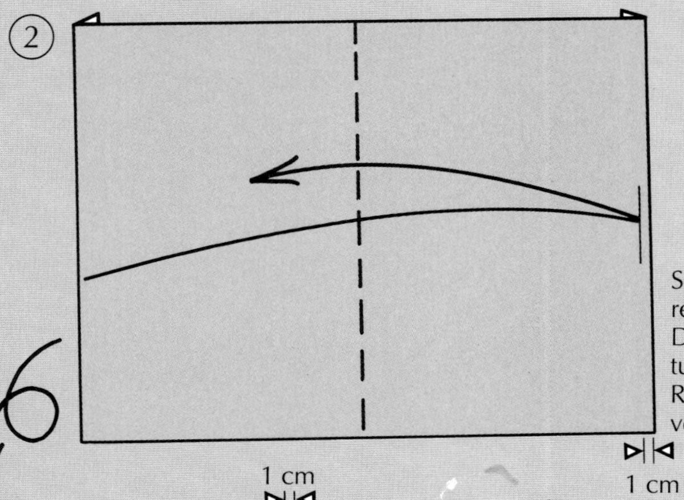

Schritt 2 auf der anderen Seite wiederholen. Durch diese beiden Faltungen entsteht ein Rücken für die Mappe von 1 cm Stärke.

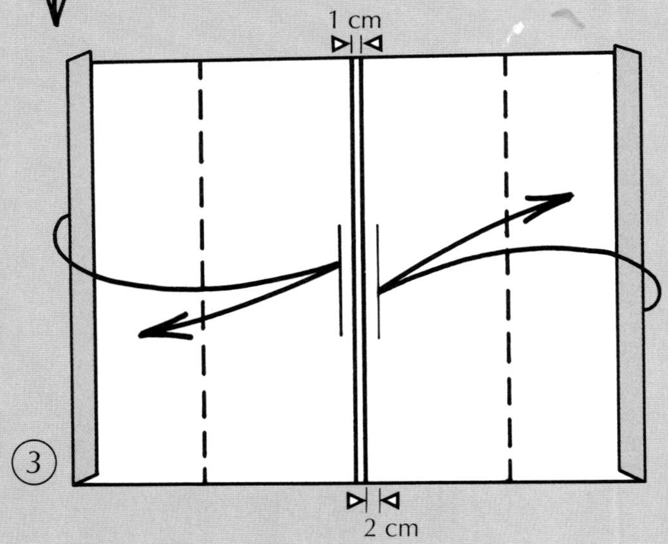

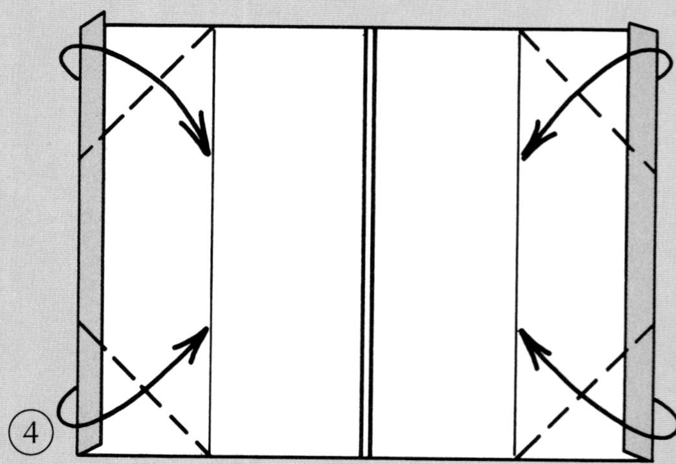

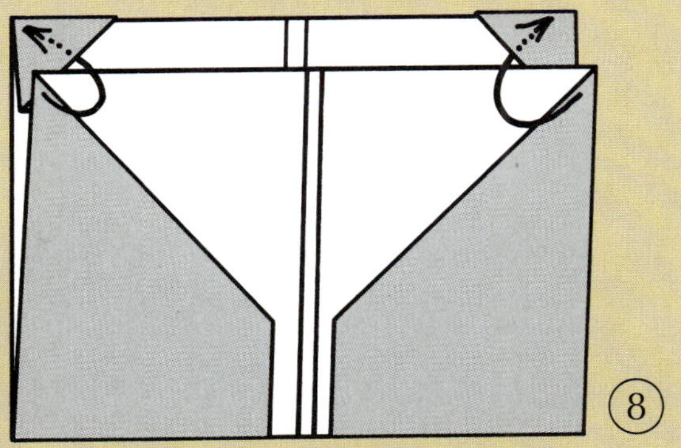

Diese Mappe ist hervorragend geeignet für den täglichen Umgang mit DIN A4-Papier.

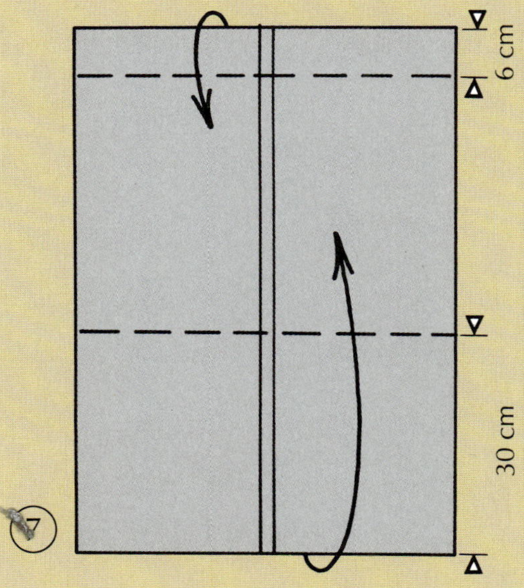

Pfeil

Paulo Mulatinho

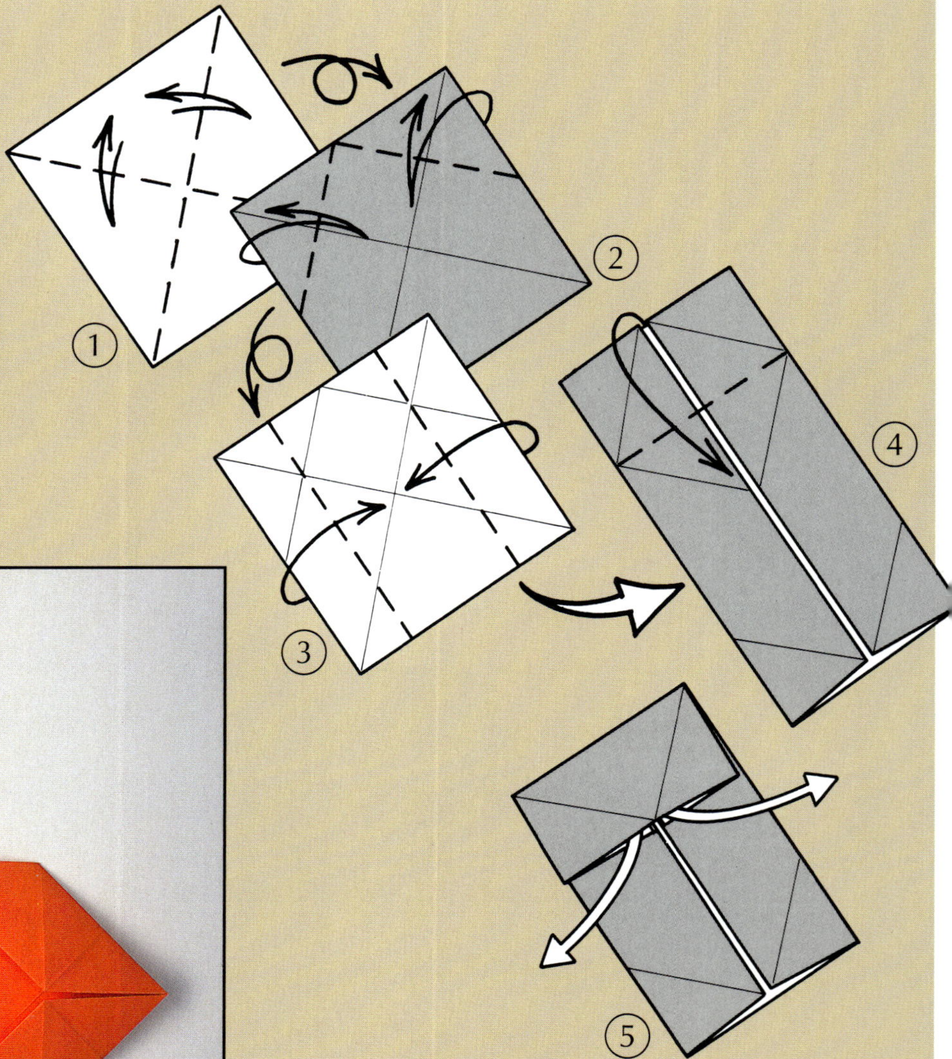

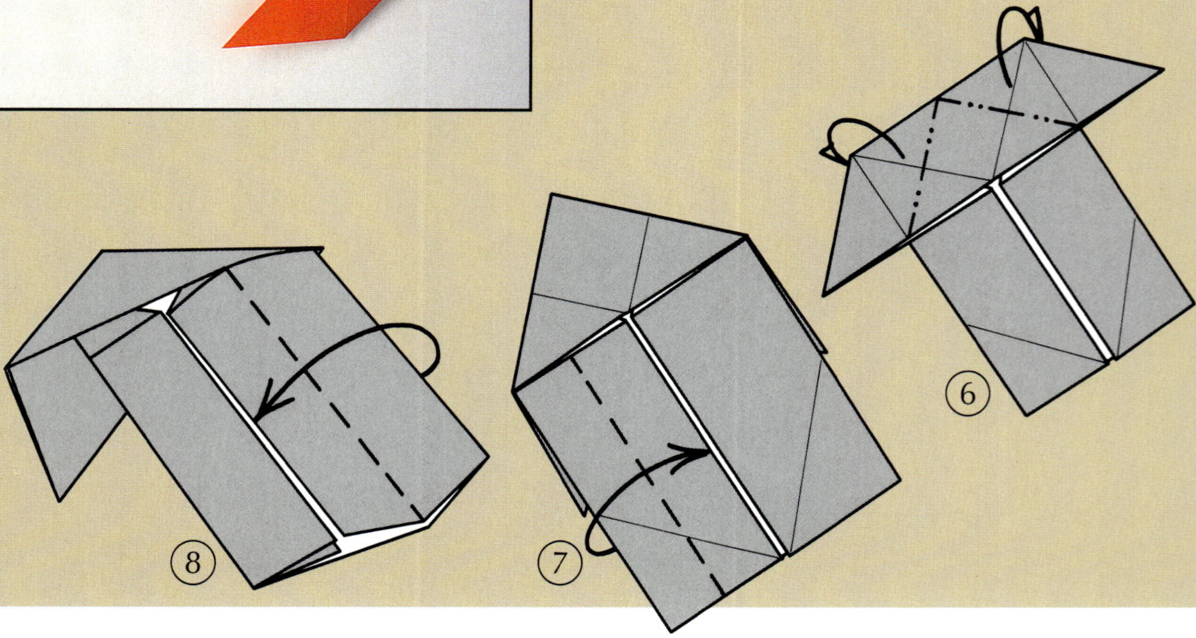

Geschenk- packungen

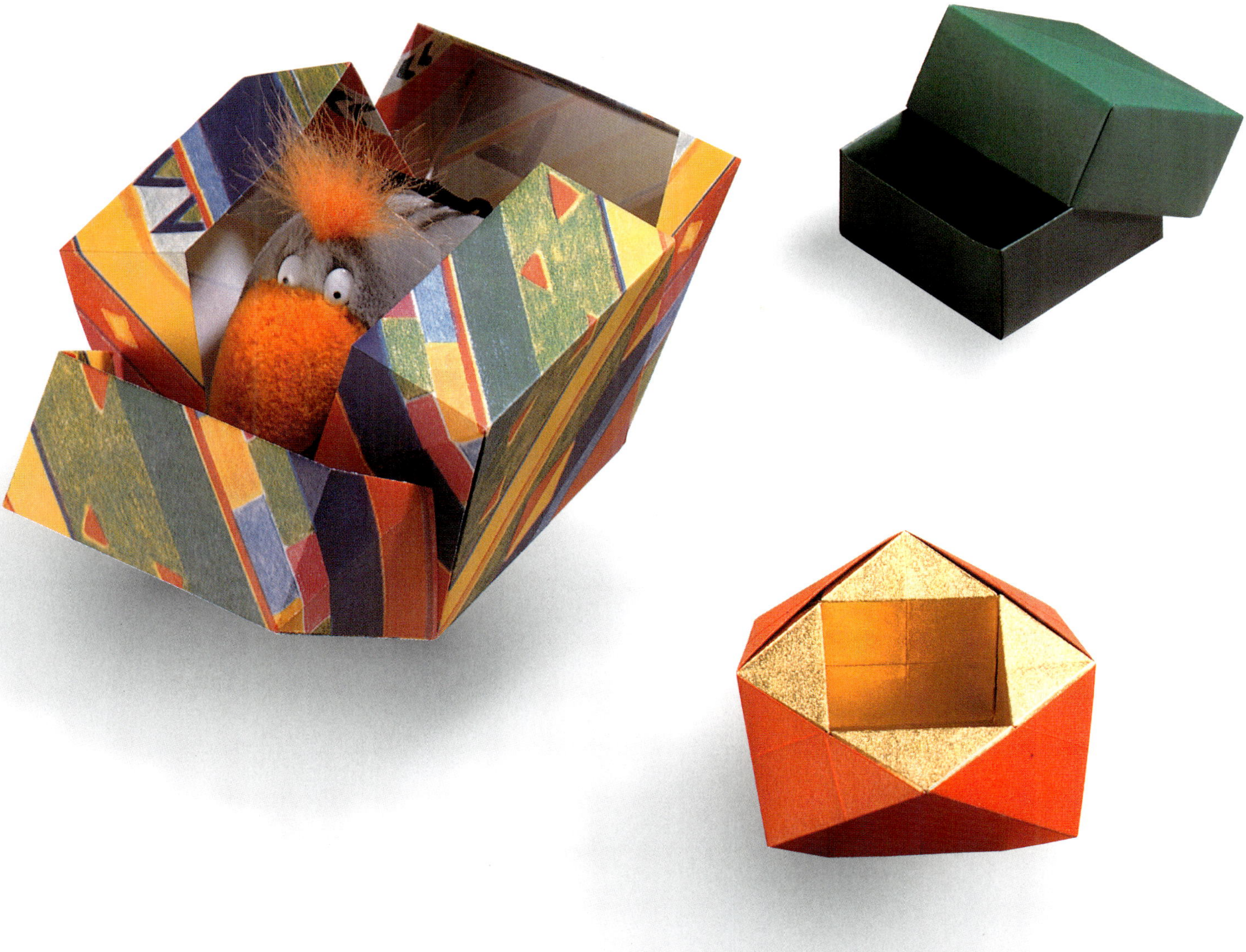

Schale

PHILIP SHEN
zugeschrieben

1

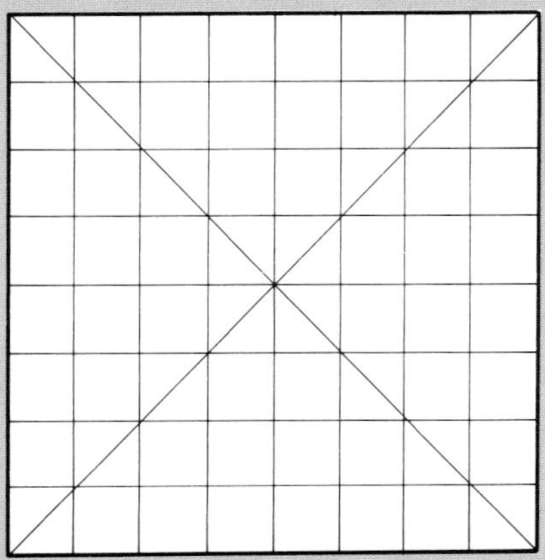

Als Vorfaltungen werden zwei Diagonalen benötigt und eine Achterteilung in horizontaler und vertikaler Richtung.

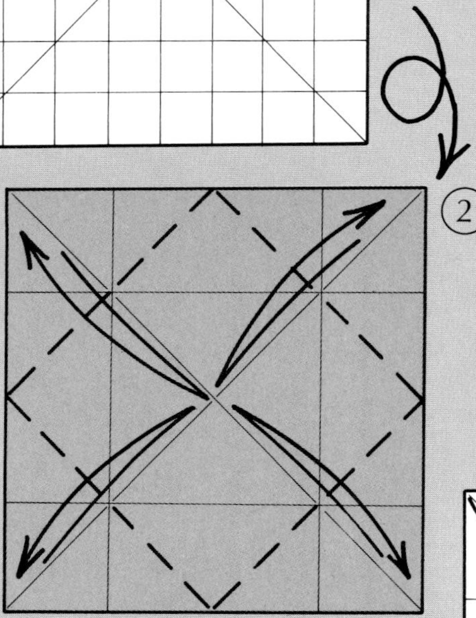

2

Von den in Schritt 1 gemachten Vorfaltungen werden im weiteren Verlauf der Anleitung nur die zum Verständnis notwendigen dargestellt.

3

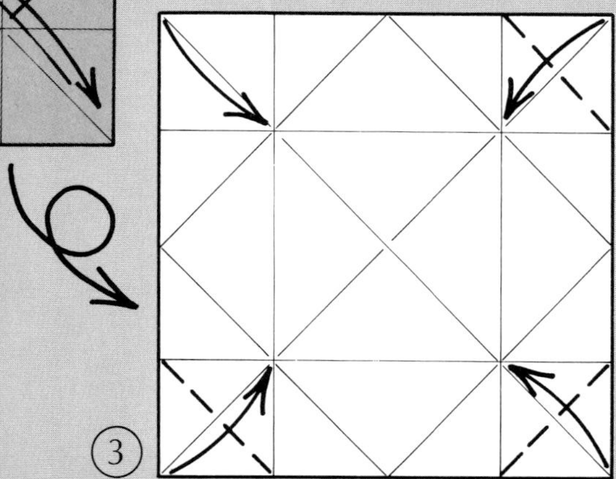

4

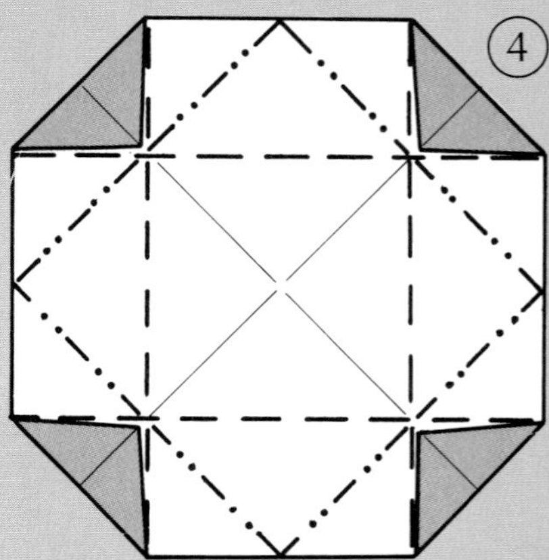

5

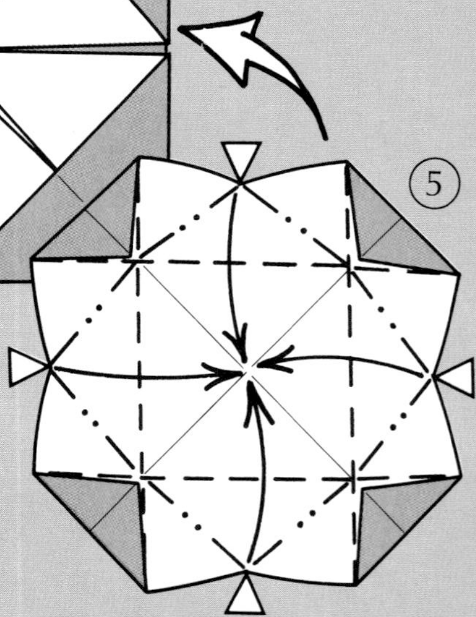

6

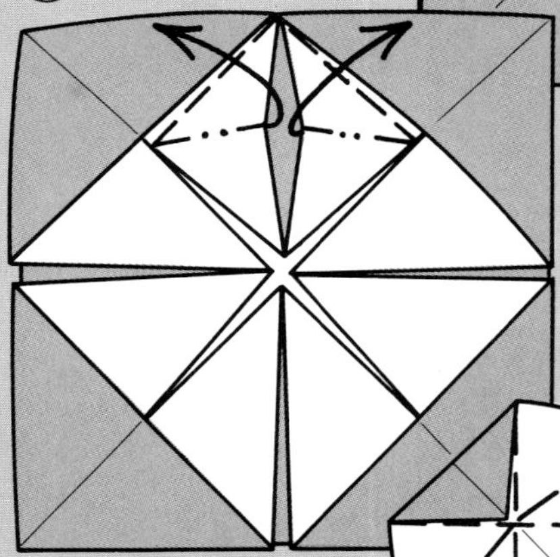

7

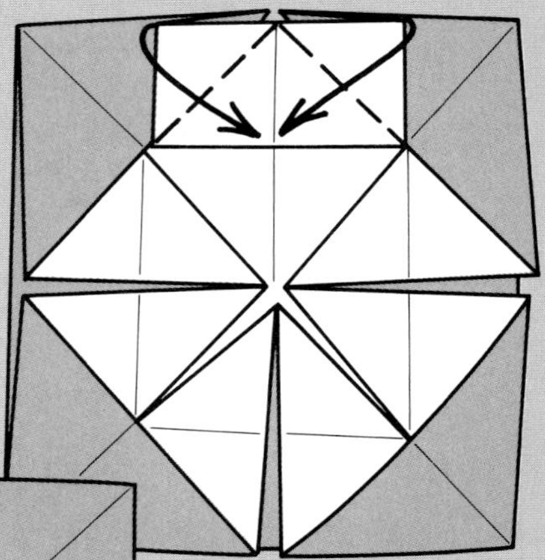

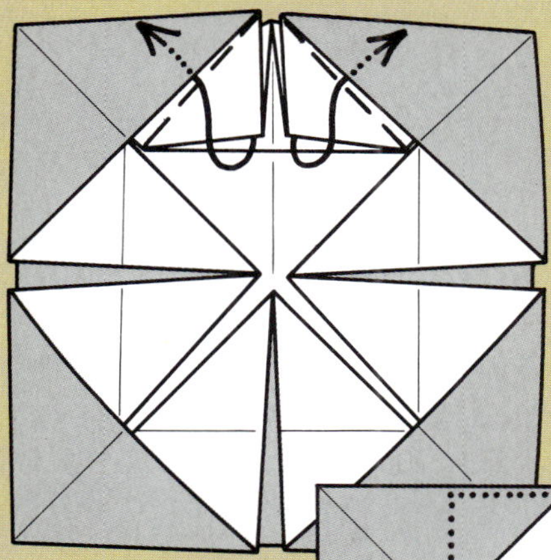

8

Schritt 6 bis 8 an den anderen Ecken wiederholen.

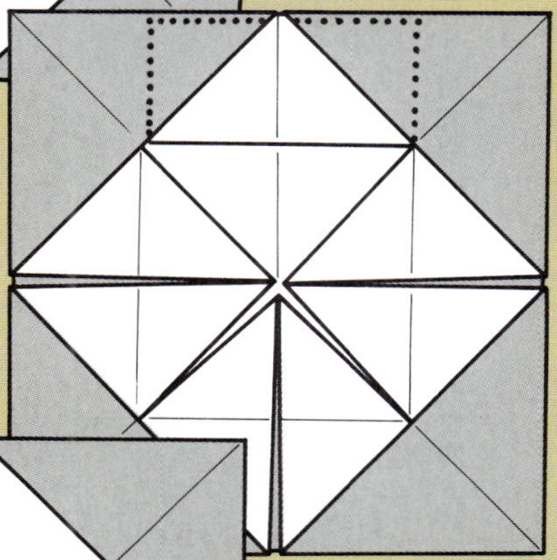

9

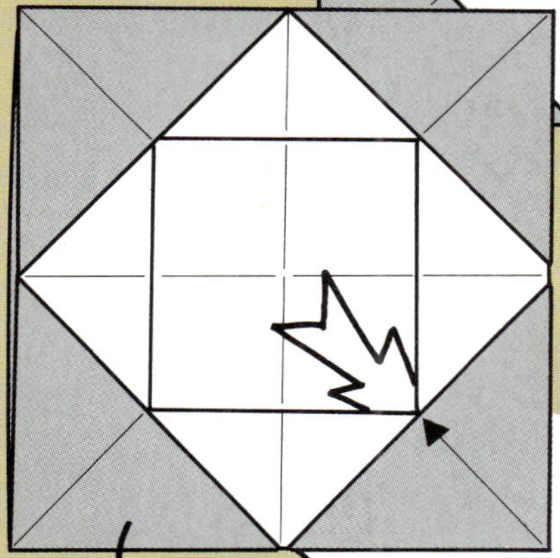

10 Den Eckbereich an der markierten Stelle gut zwischen Daumen und Zeigefinger festhalten. Dann mit der anderen Hand von unten die Faltungen von Schritt 11 ausführen. Dadurch richtet sich die Schale auf. An allen vier Ecken wiederholen.

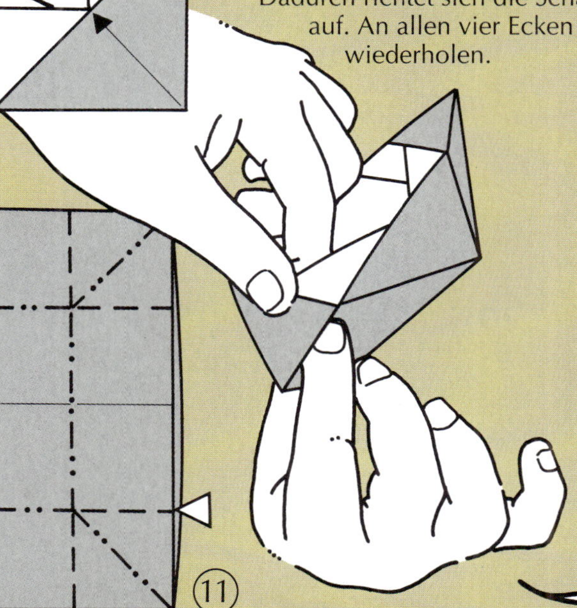

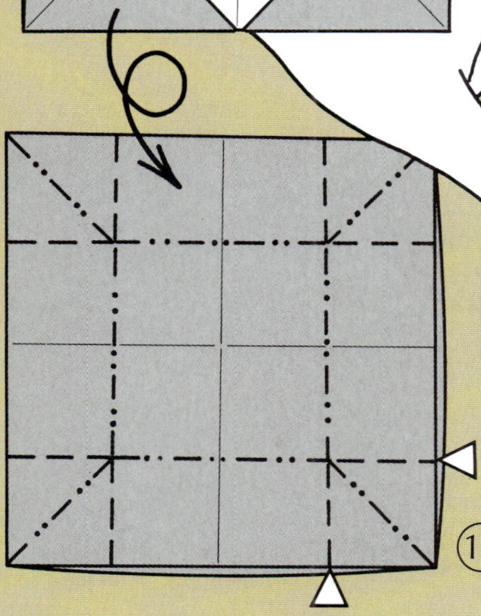

11

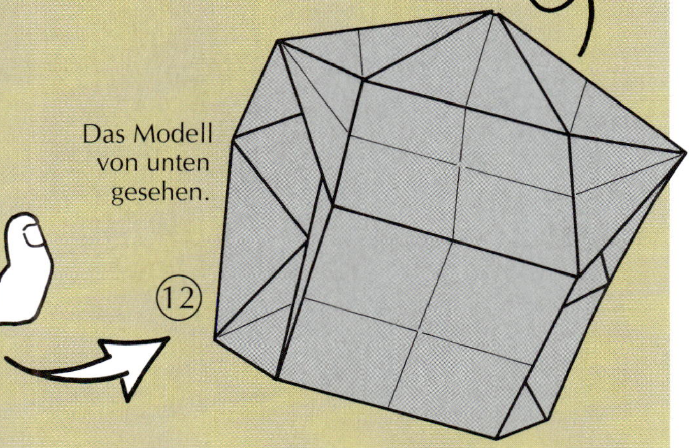

12

Das Modell von unten gesehen.

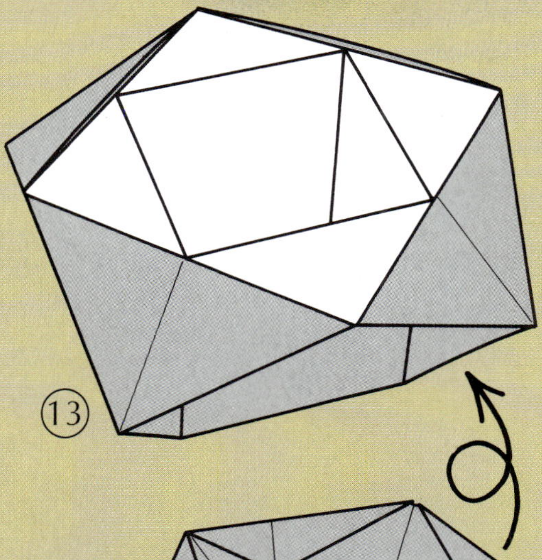

13

Geschenk-schachtel

GIOVANNI MALTAGLIATTI

Zur Papiergröße: Für die Geschenkschachtel braucht man ein relativ großes Quadrat. Soll die fertige Schachtel z.B. eine Kantenlänge von 6 cm haben, muß das Papier 25 x 25 cm groß sein.

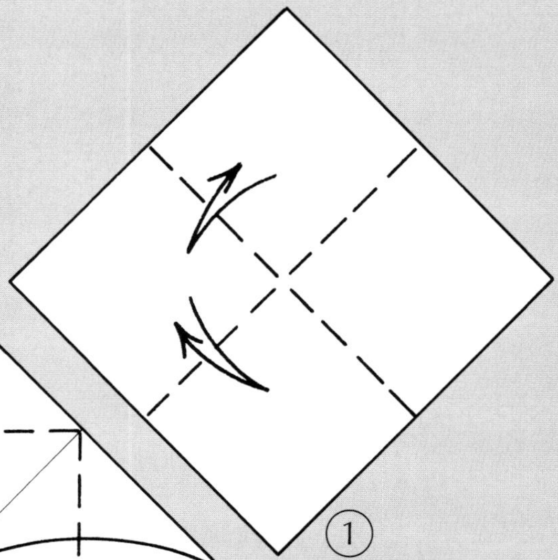

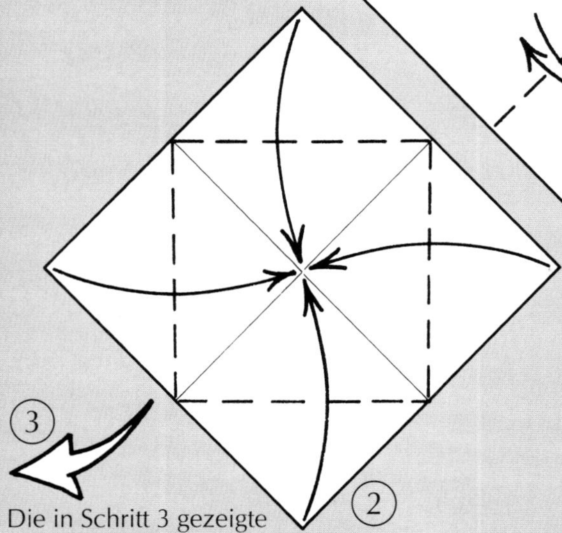

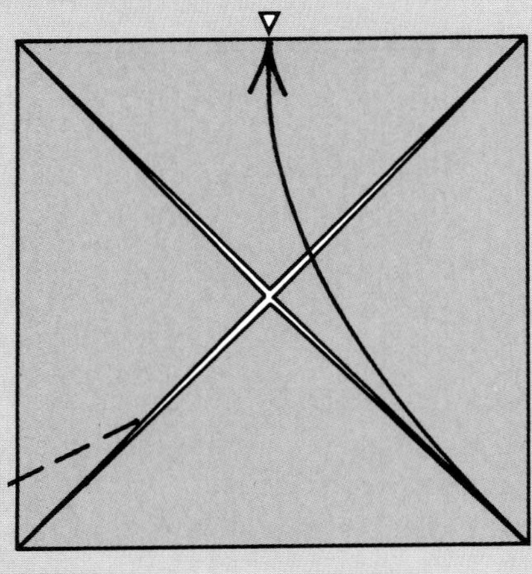

Die in Schritt 3 gezeigte Faltung soll nicht ausgeführt werden. Sie dient nur der Ermittlung der Dreierteilung.

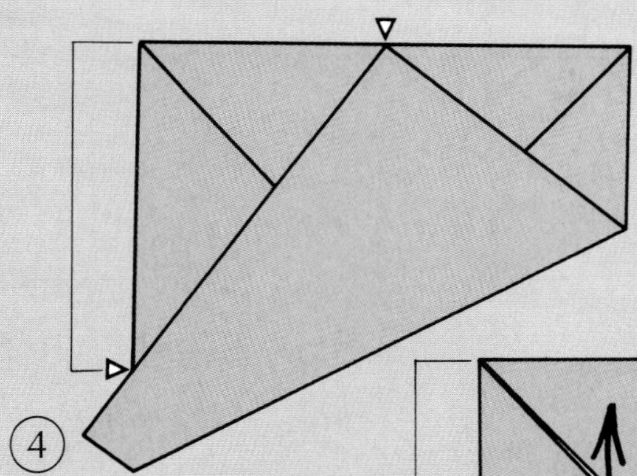

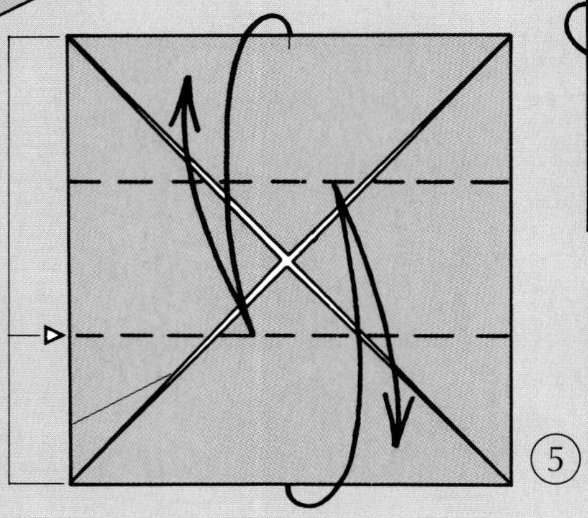

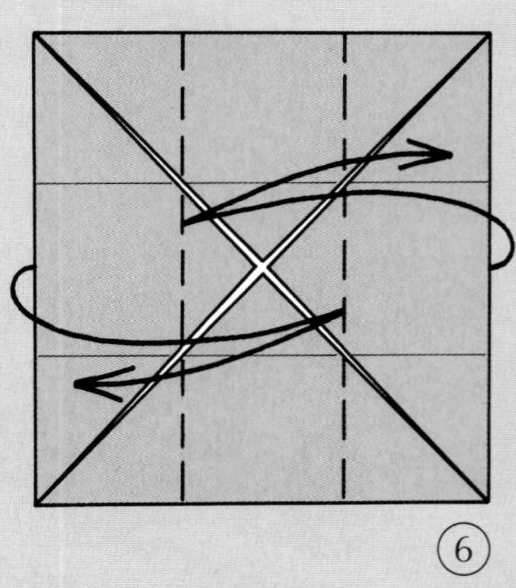

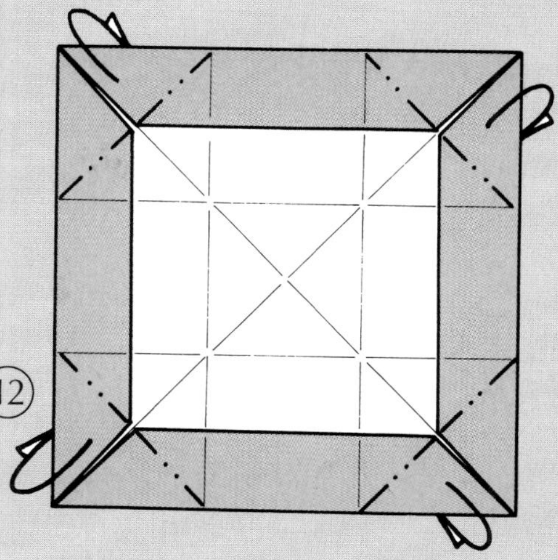

⑫

Schritt 8-11 an allen Ecken wiederholen.

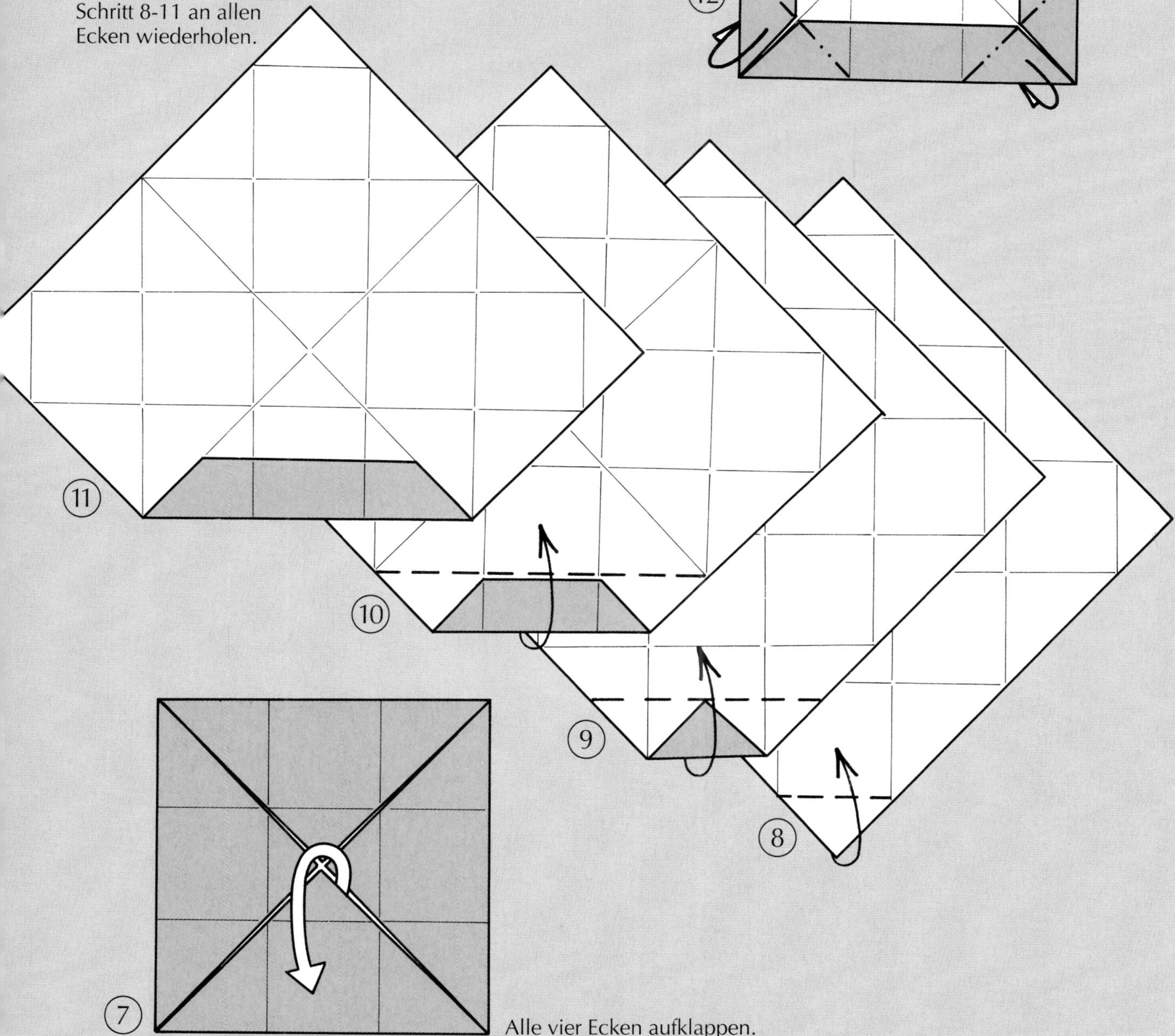

⑪ ⑩ ⑨ ⑧ ⑦

Alle vier Ecken aufklappen.

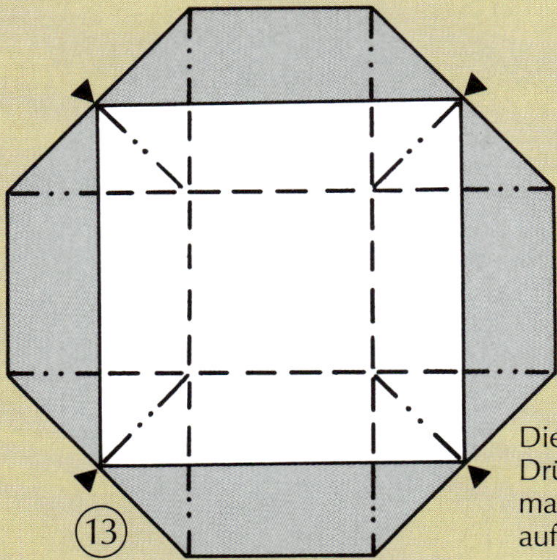

Die Schachtel durch Drücken an den markierten Stellen aufrichten.

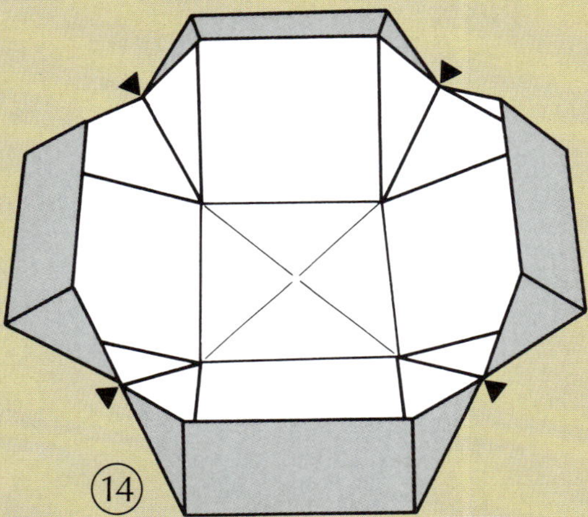

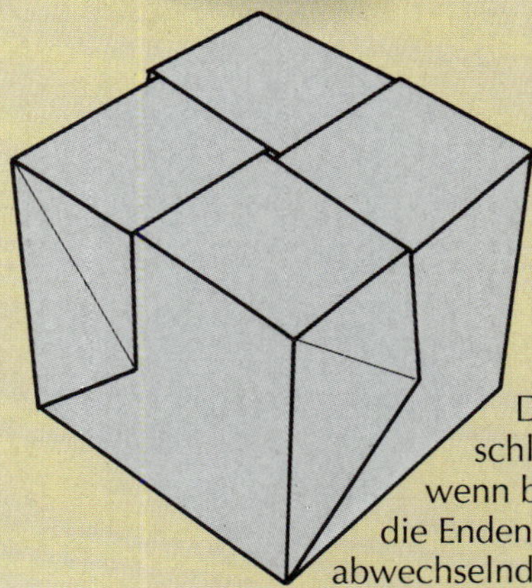

Dieser Verschluß ergibt sich, wenn bei Schritt 15 die Enden einer Seite abwechselnd einmal über und einmal unter die jeweils angrenzende Seite geschoben werden.

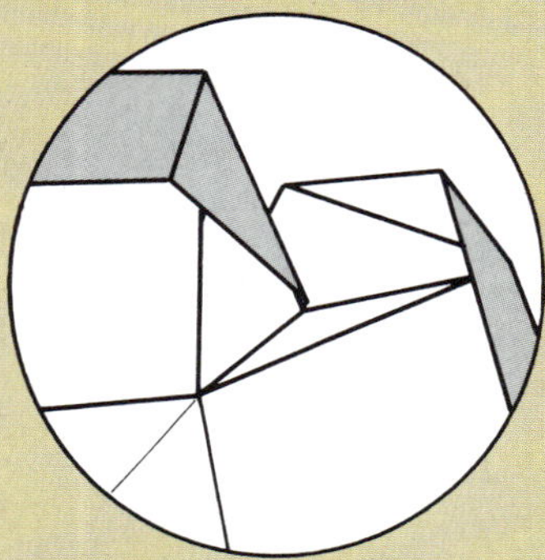

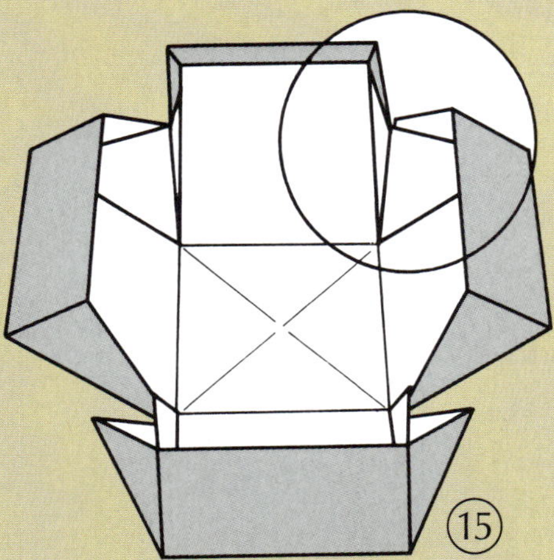

Dieser Verschluß ergibt sich, wenn bei Schritt 15 jeweils zwei gegenüberliegende Seiten unter die anderen beiden Seiten geschoben werden.

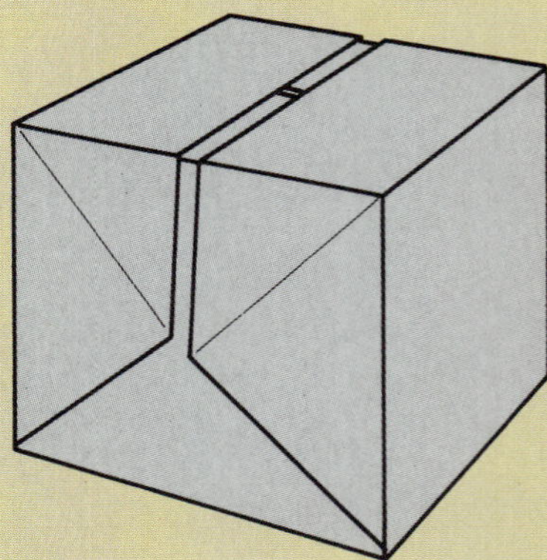

Weihnachtliches Origami

Stern

Paolo Bascetta

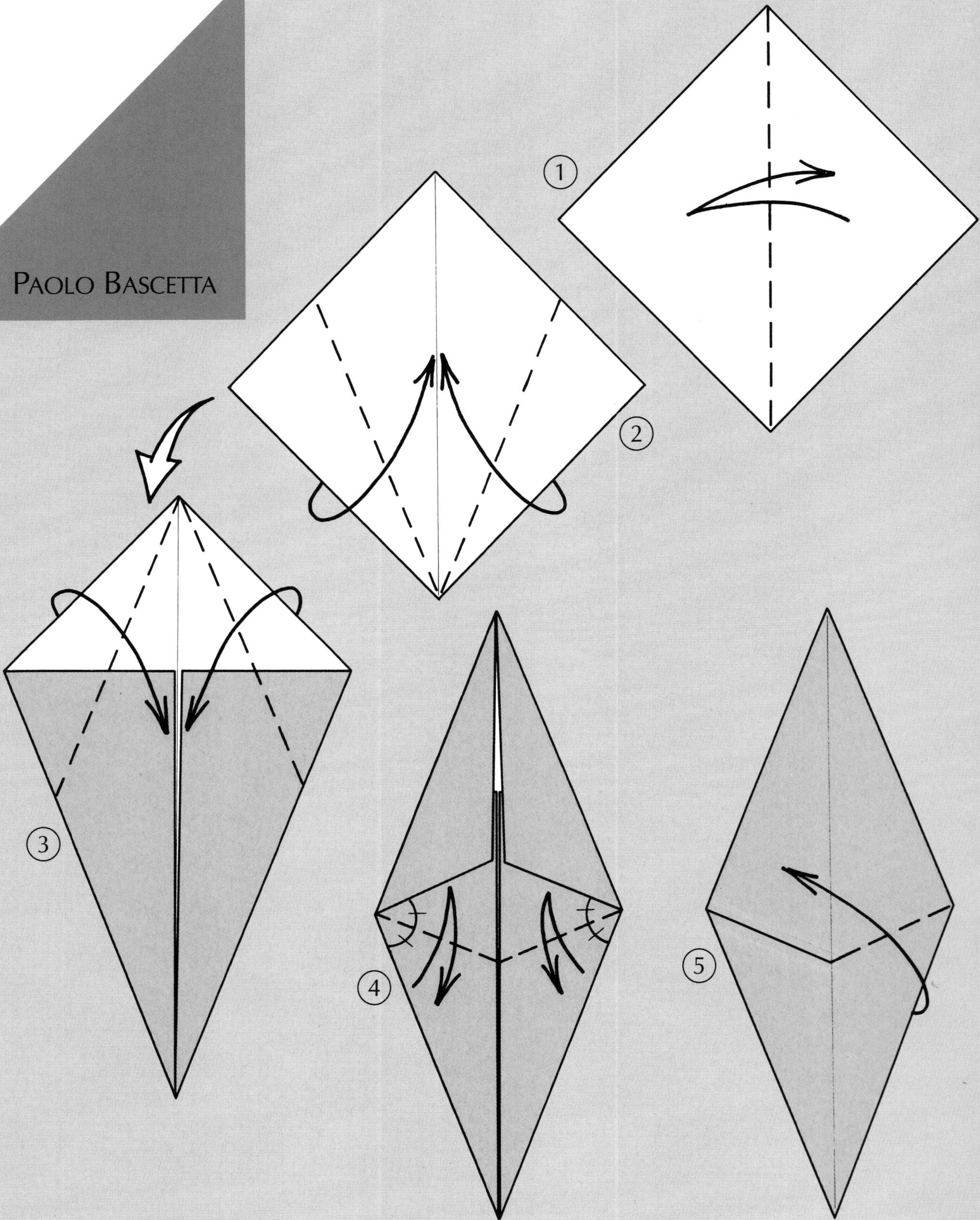

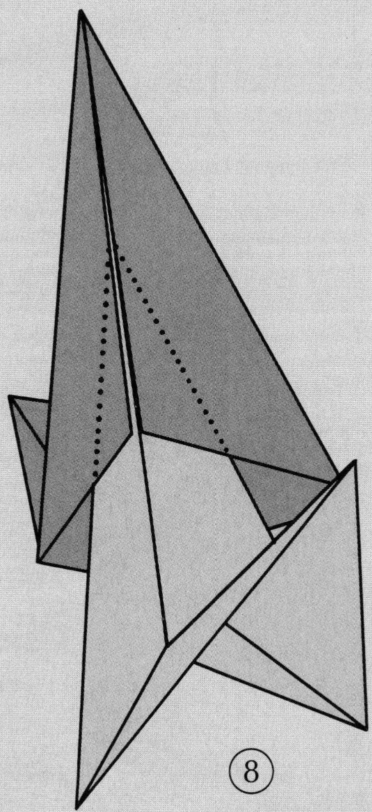

⑧

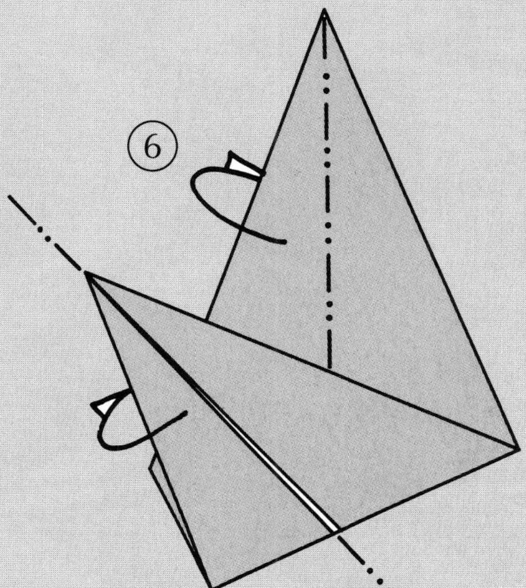

⑥

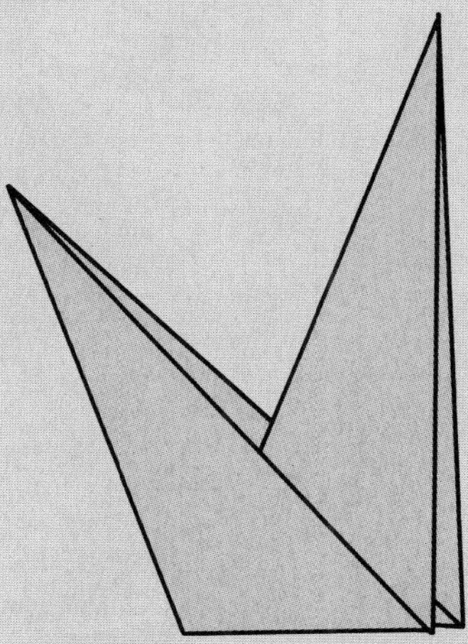

⑦

8 gleiche Elemente falten

Sämtliche Elemente so zusammenstecken, wie in Schritt 8 gezeigt. Das letzte Element ist am schwierigsten einzufügen und erfordert am meisten Geduld.

Engel

Alfredo Giunta

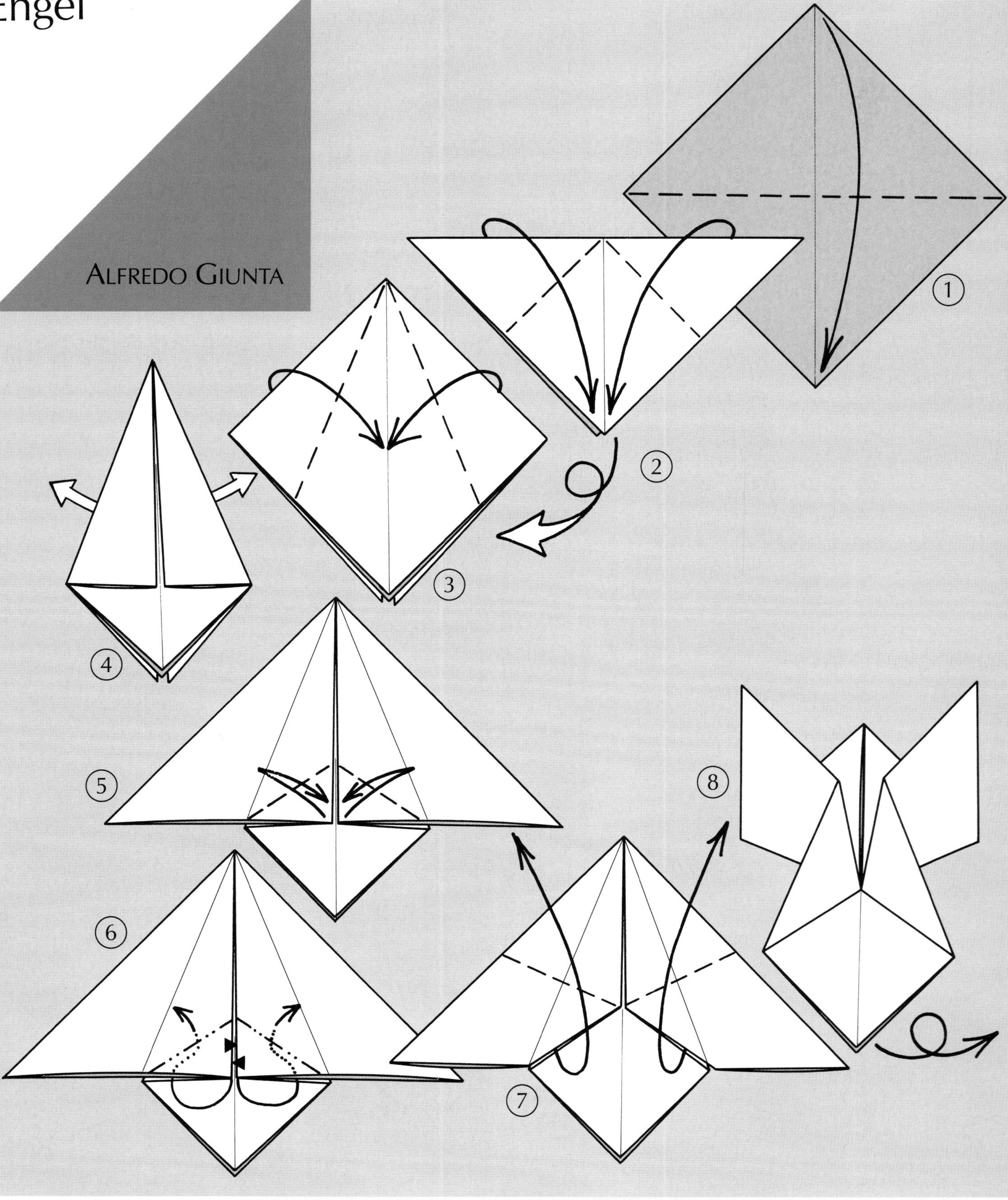

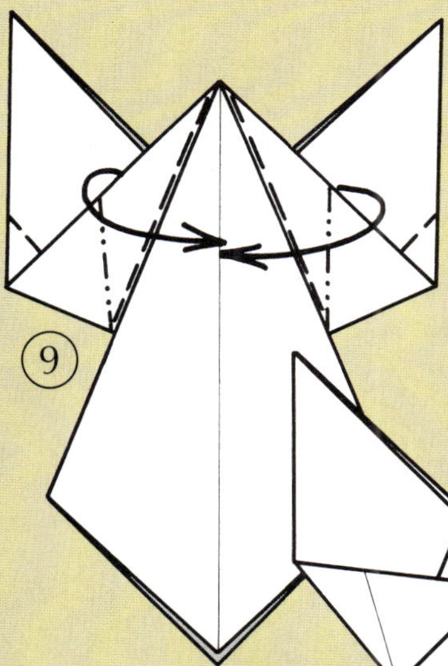

9

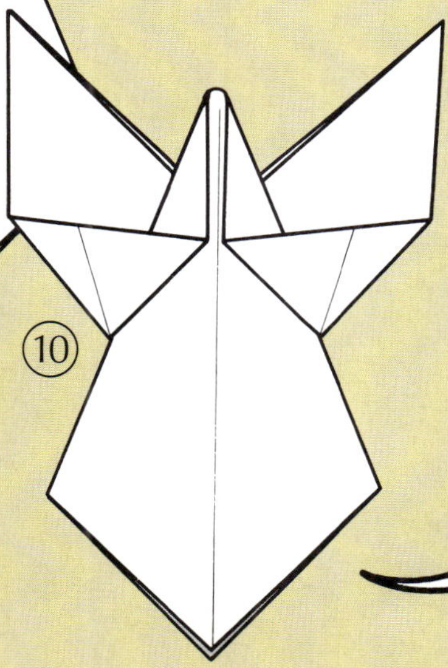

10

Die Talfalten für den Flügel werden von der Rückseite des Modells her ausgeführt. Sie sind beliebig und dienen der Rundung der Flügel.

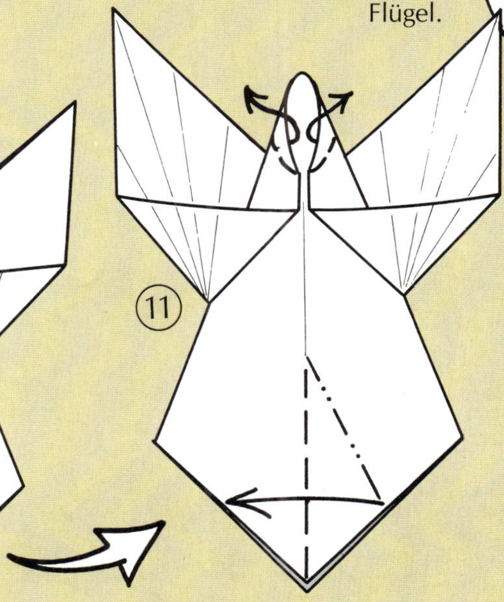

11

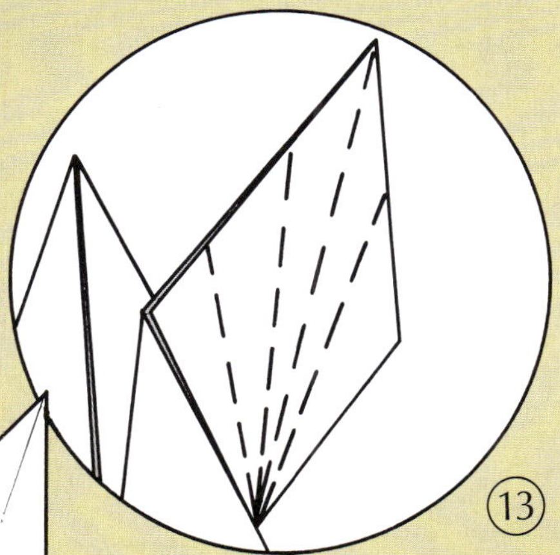

13

12

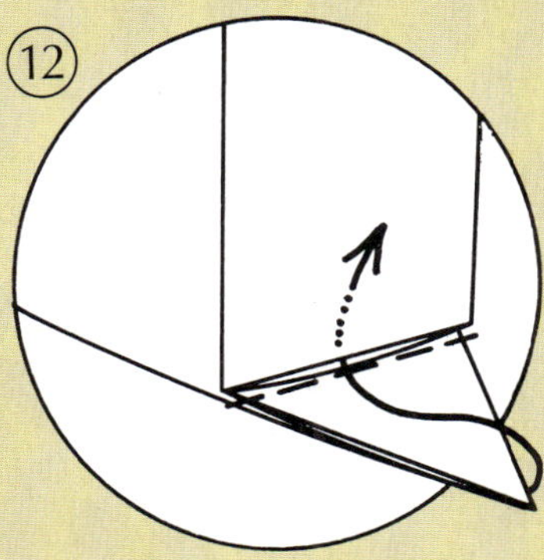

Dekoration

SAM CUILLA

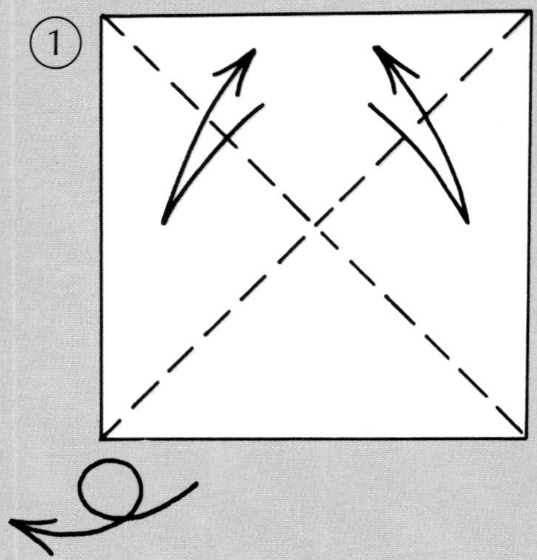
1

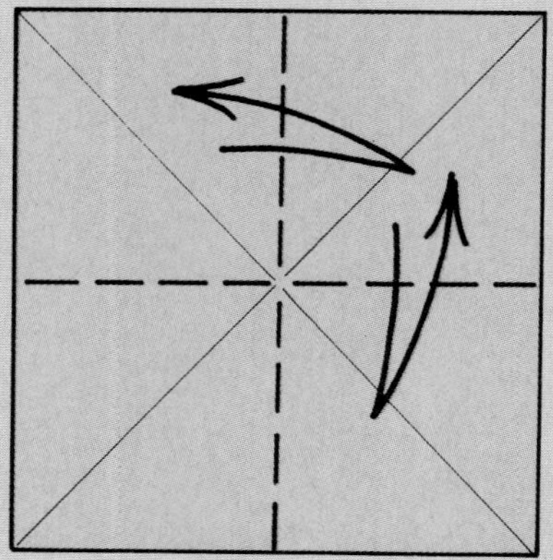
2

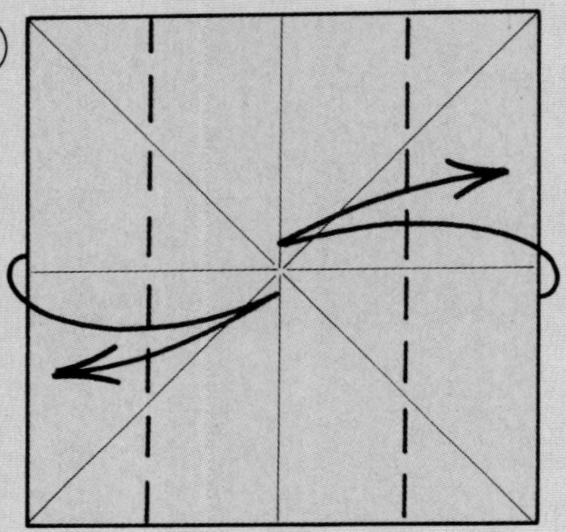
3

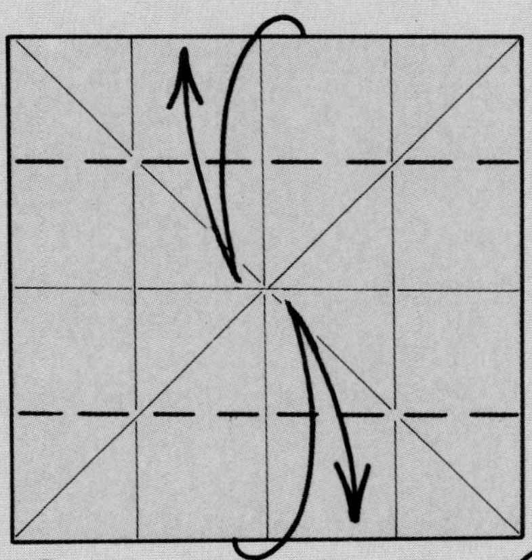
4

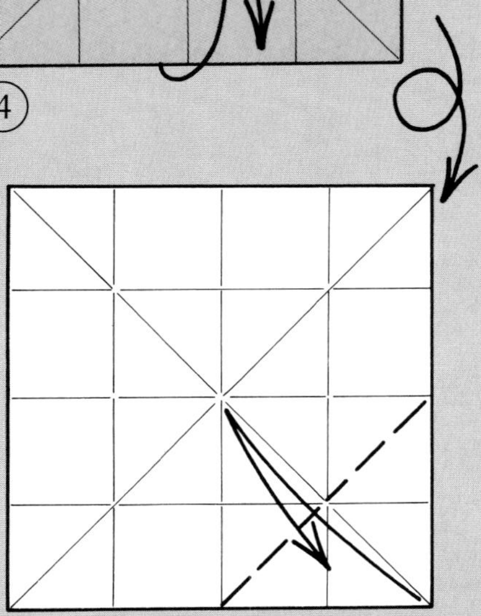
5

Schritt 5 und 6 an allen Ecken wiederholen.

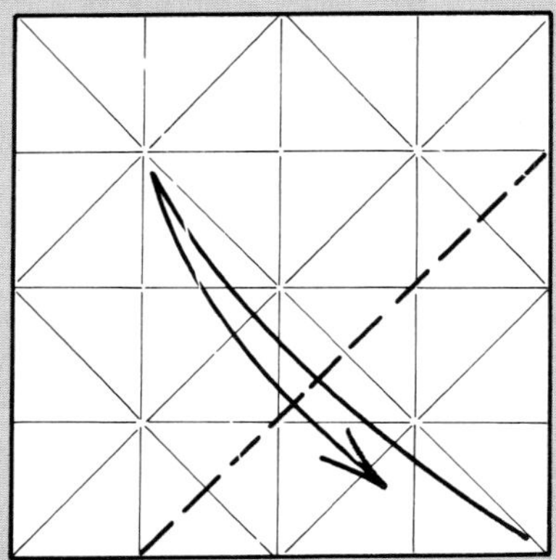
6

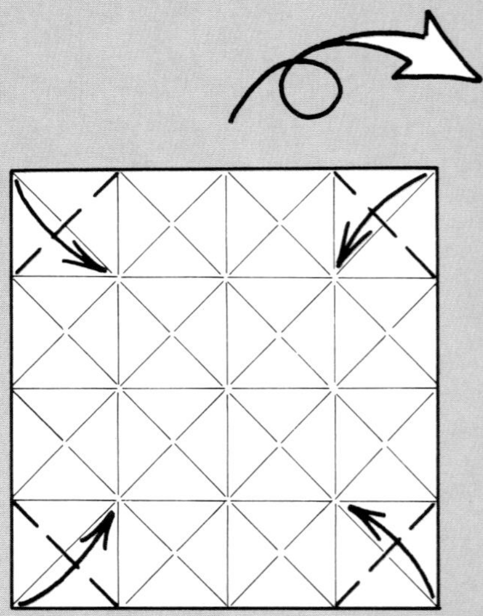
7

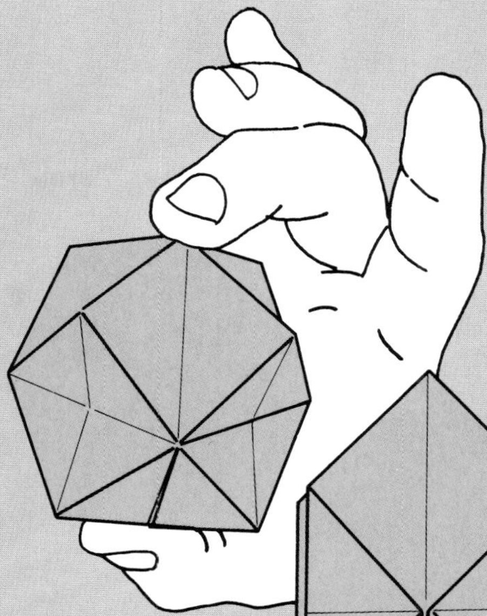

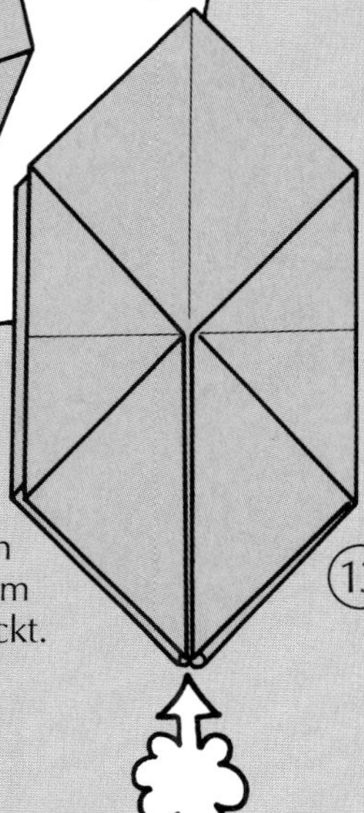

⑬

Zum Schluß wird das Modell aufgeblasen, und die einzelnen Flächen werden ausgeformt, indem man sie entsprechend ihren Vorfaltungen vorsichtig mit dem Finger eindrückt.

⑫

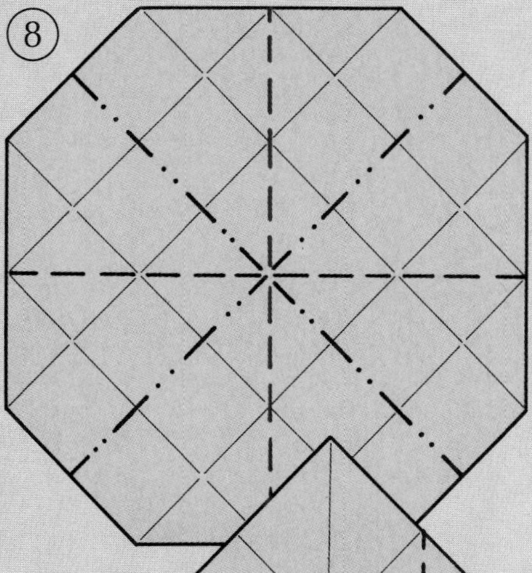

⑧

Schritt 9 bis 11 dreimal wiederholen.

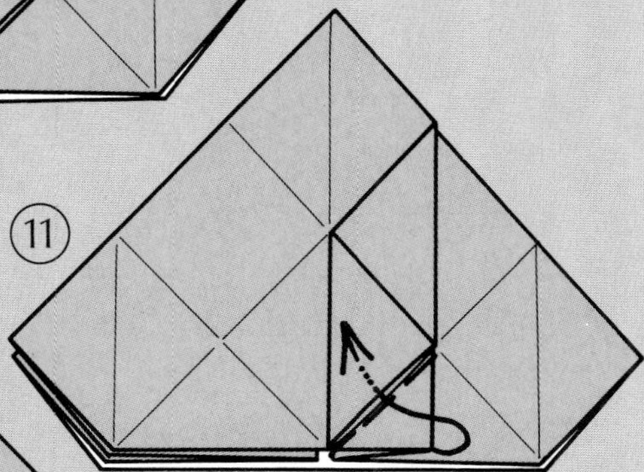

⑪

Das Eck in die Tasche des oben liegenden Dreiecks stecken.

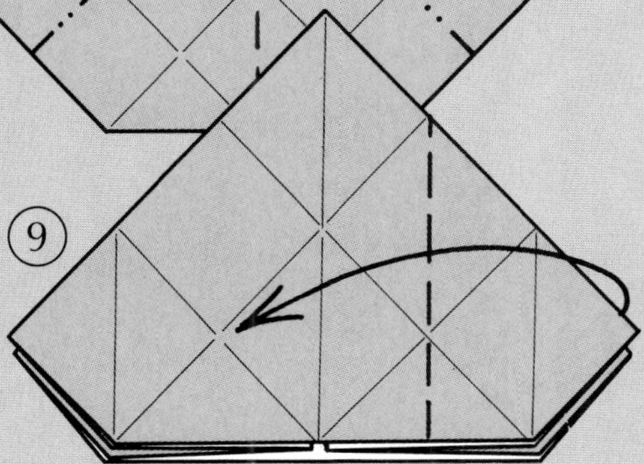

⑨

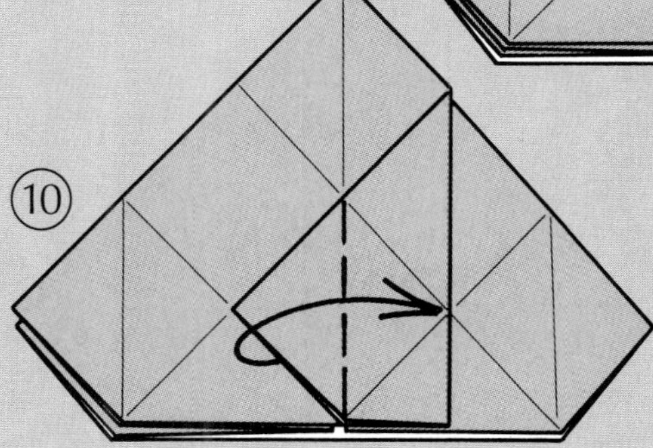

⑩

Happy Santa

John Smith

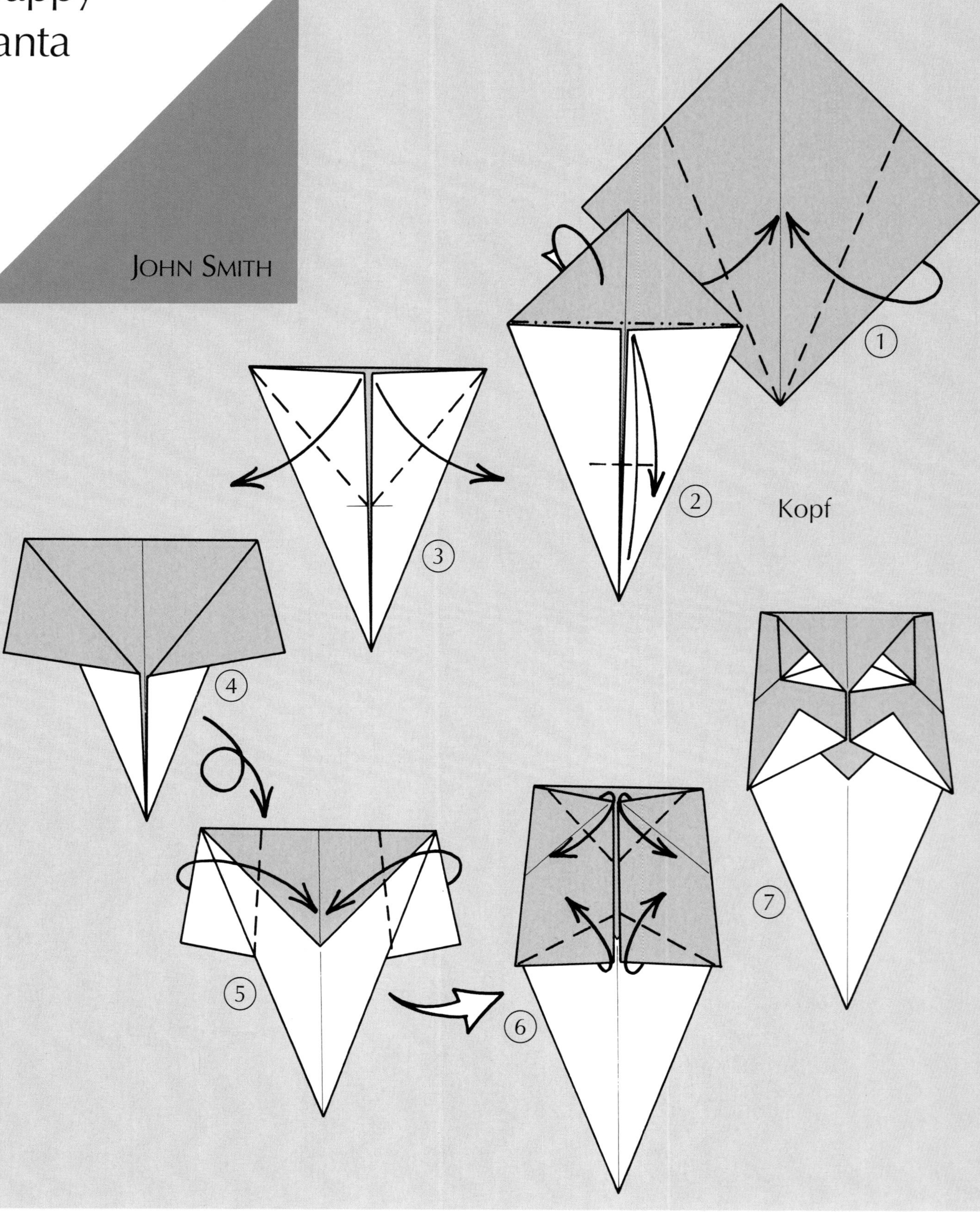

John Smith hat viele Modelle entwickelt, bei denen er ausschließlich Berg- und Talfalten verwendet. Durch diese starke Selbstbeschränkung hofft er, einfache Modelle zu finden, die er unter dem Begriff »Pureland Origami« zusammenfaßt.
Den hier gezeigten »Happy Santa« hat John Smith 1991 für seine persönliche Weihnachtskarte entworfen.

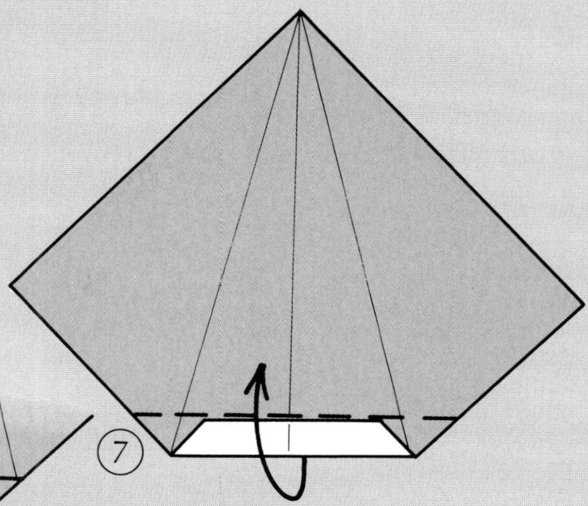

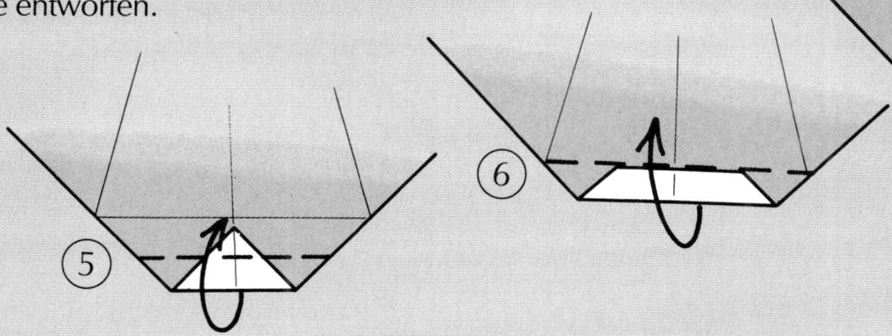

Mütze

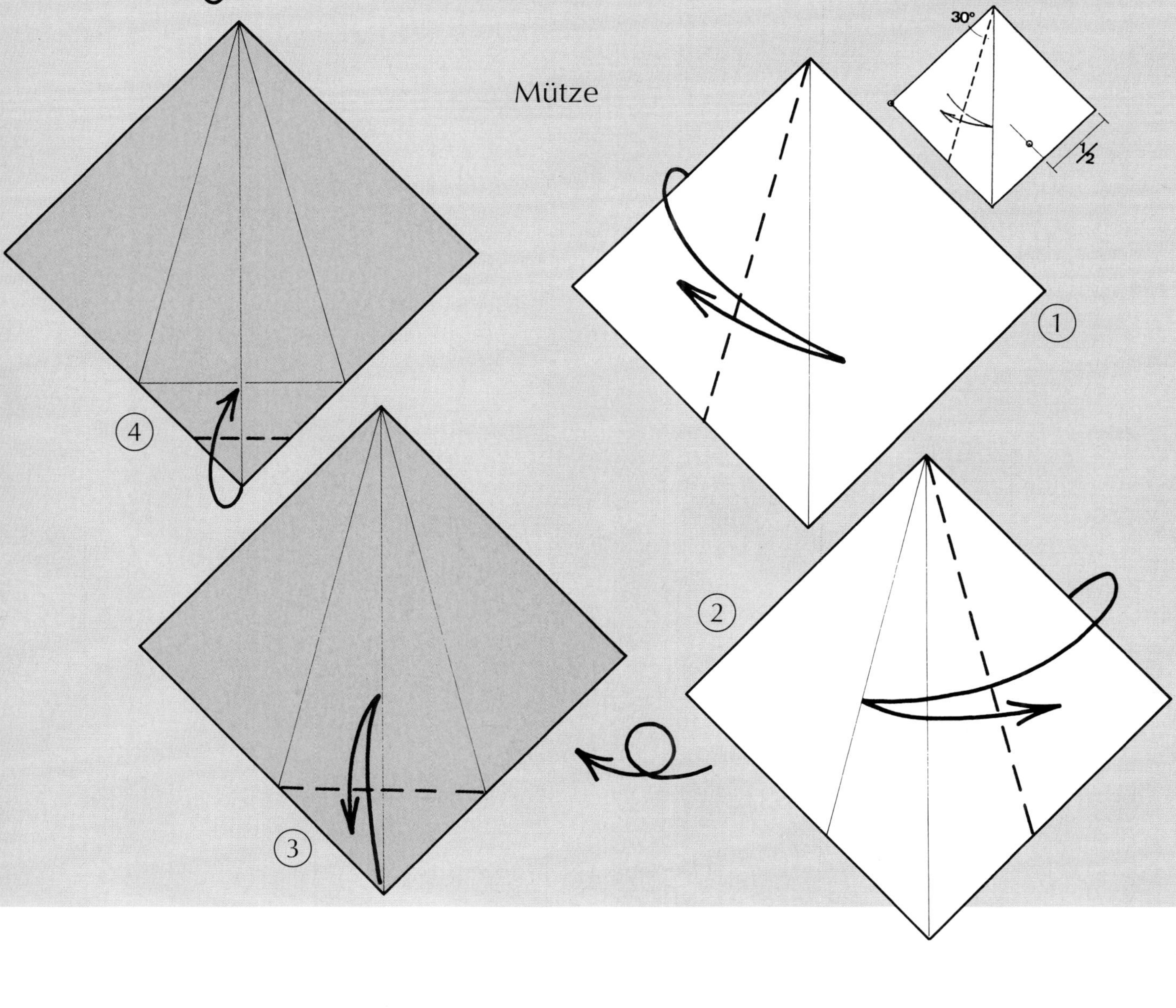

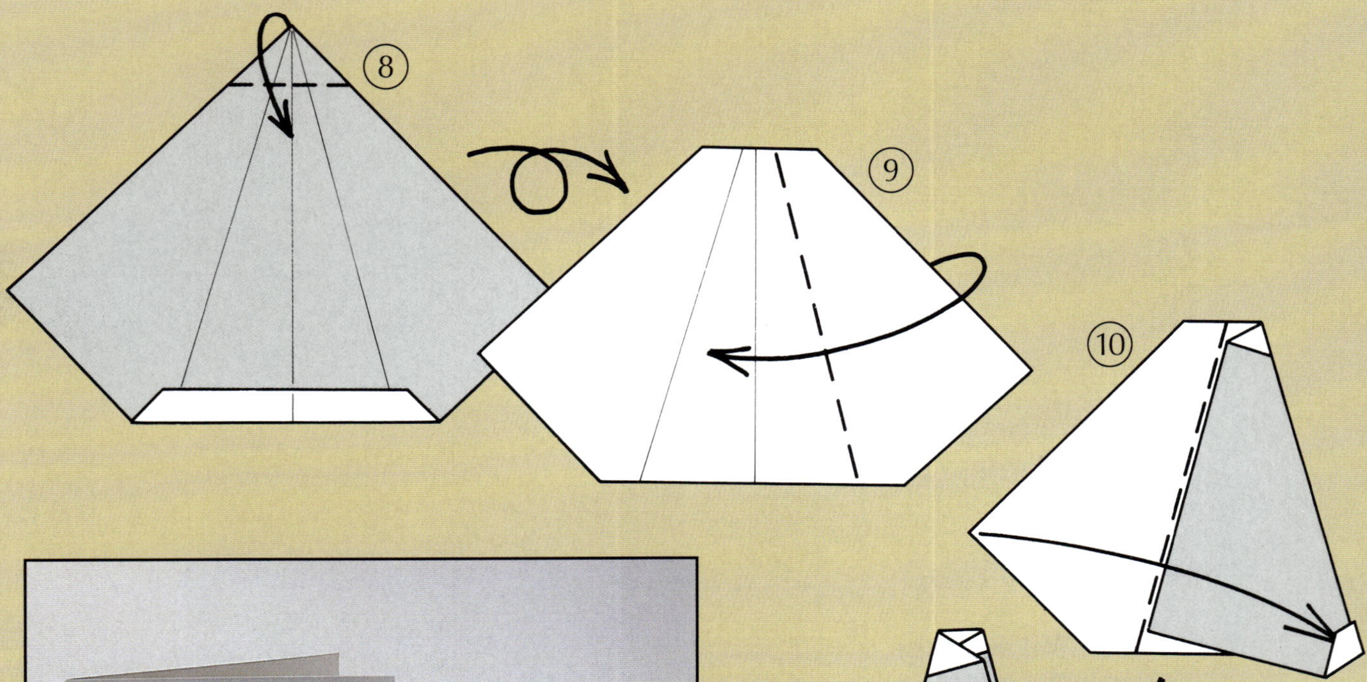
8
9
10

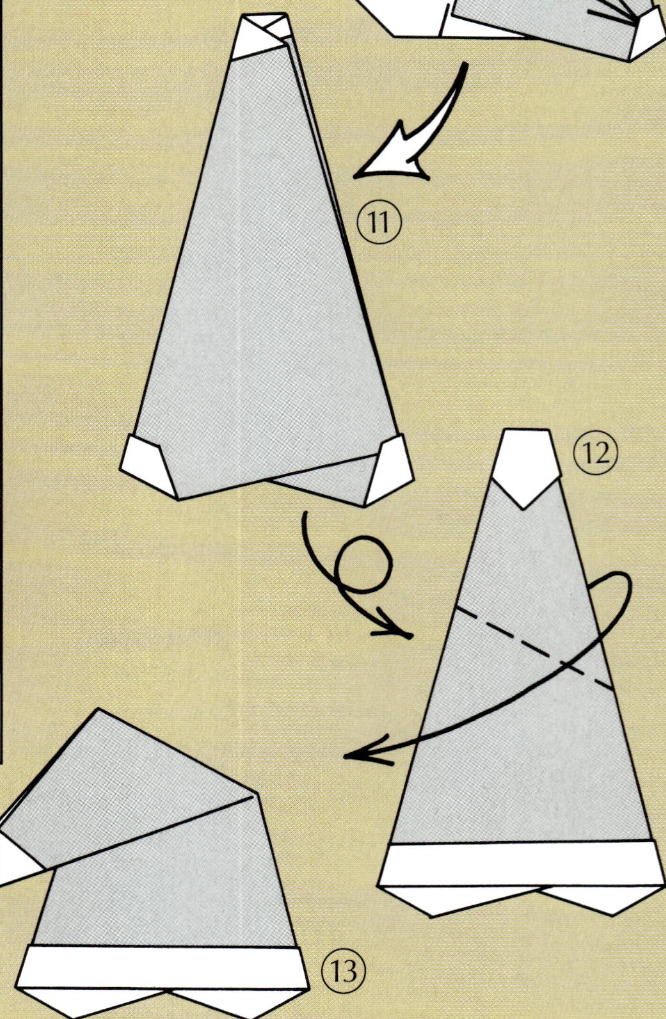
11
12
13

Geometrische Figuren

Würfel

Tomoko Fuse

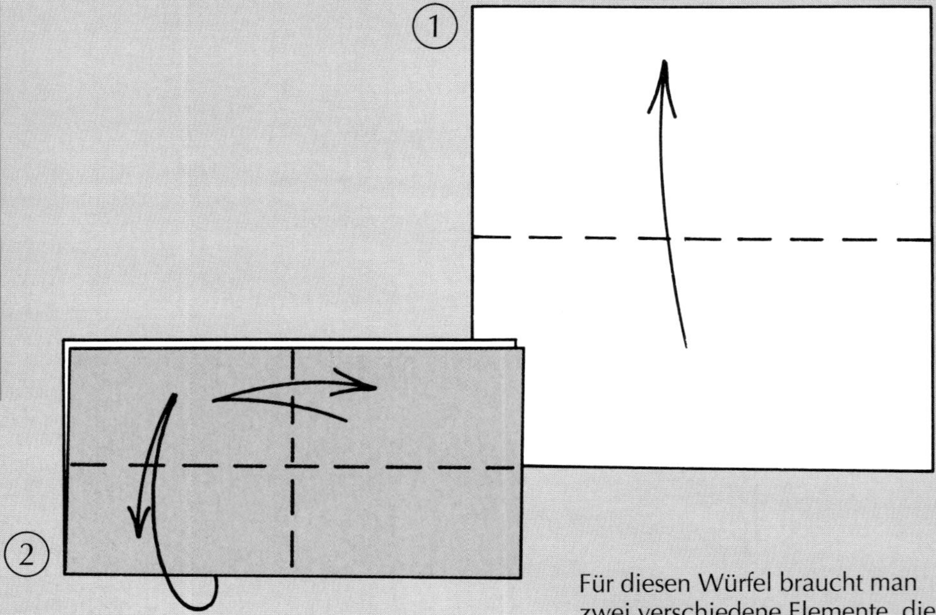

Für diesen Würfel braucht man zwei verschiedene Elemente, die sich spiegelverkehrt zueinander verhalten.

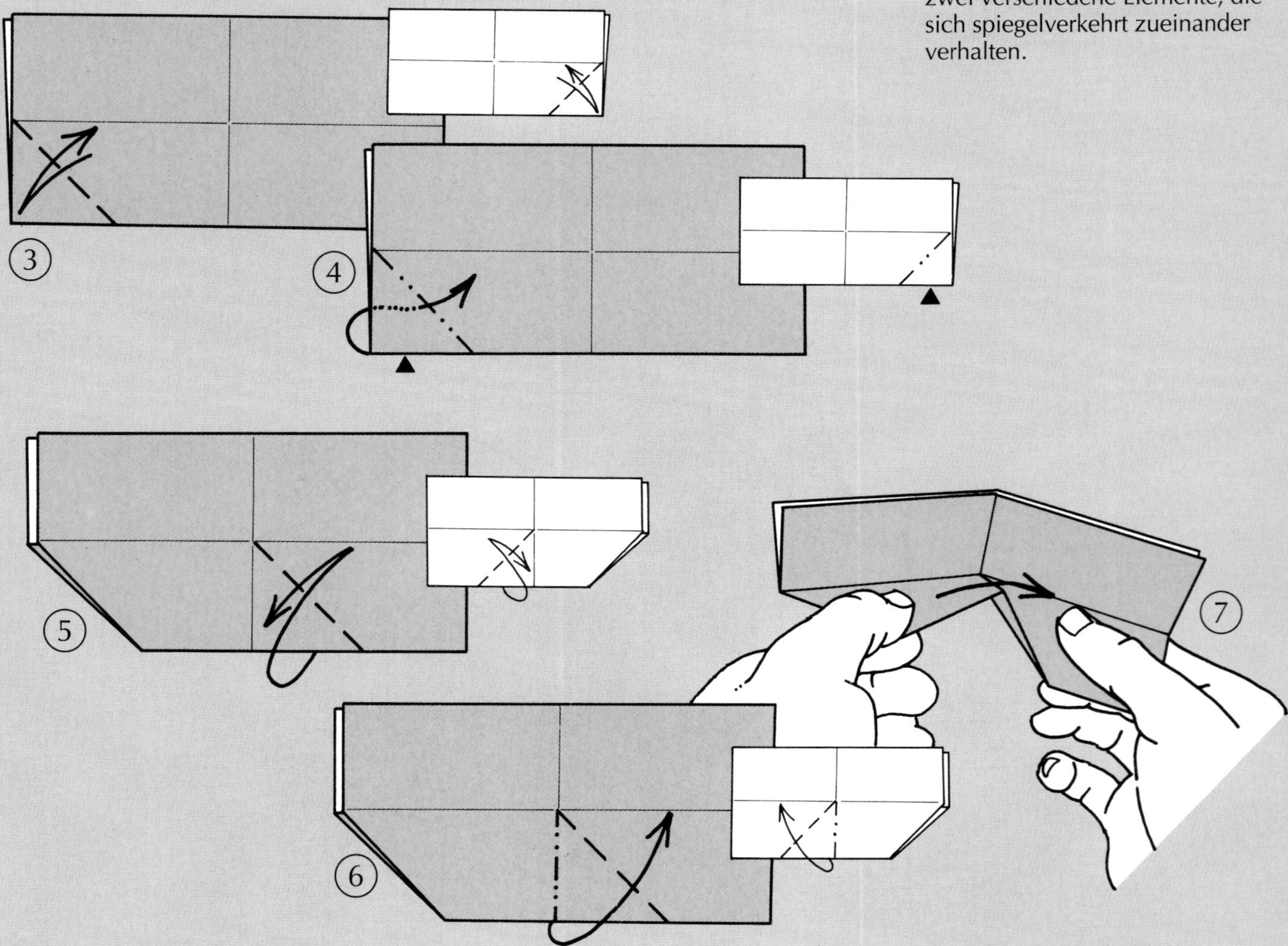

Wie bei den meisten geometrischen Modellen erfordert auch hier das Einfügen des letzten Elements am meisten Geduld.

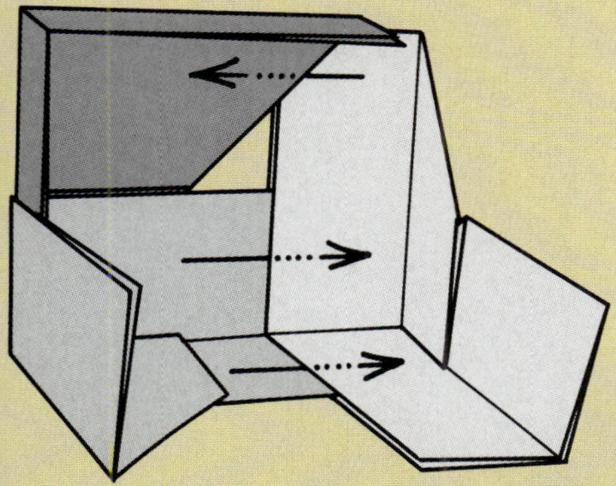

In die Ecke A des einen Elements wird immer die Ecke B aufeinander eingesteckt.
Es ergibt sich, daß jeweils drei Ecken C eines Elements aufeinander treffen. Dabei wird jede spitze Seite einer Ecke in die stumpfe Seite einer anderen eingesteckt.

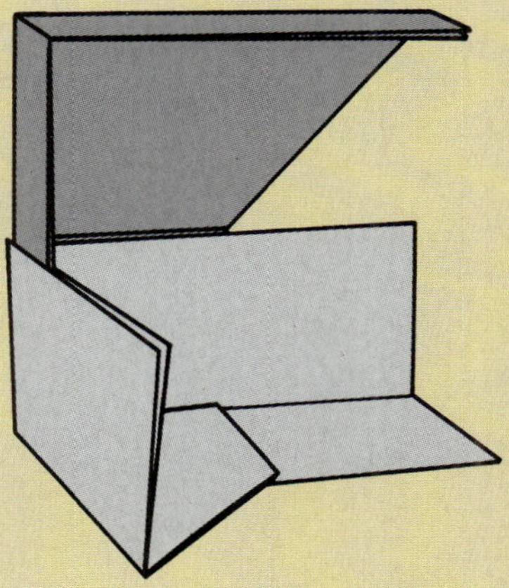

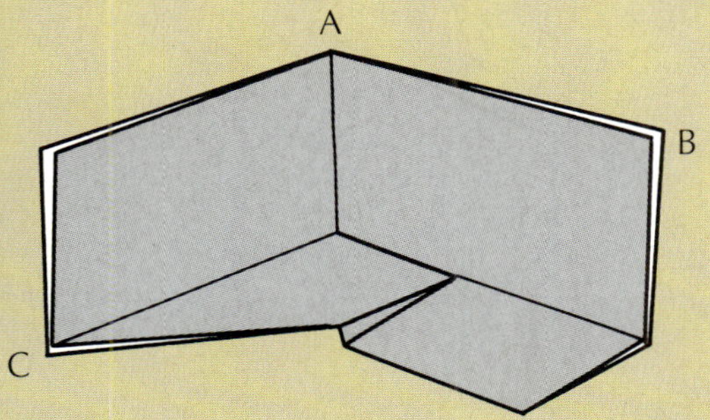

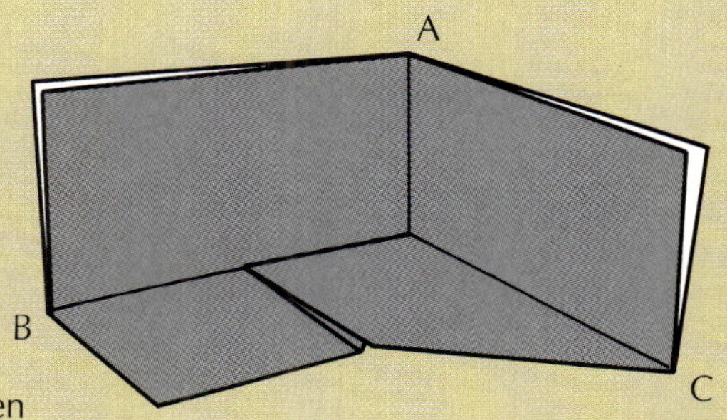

Jeweils drei Stück falten

Offener Würfel

TOMOKO FUSE

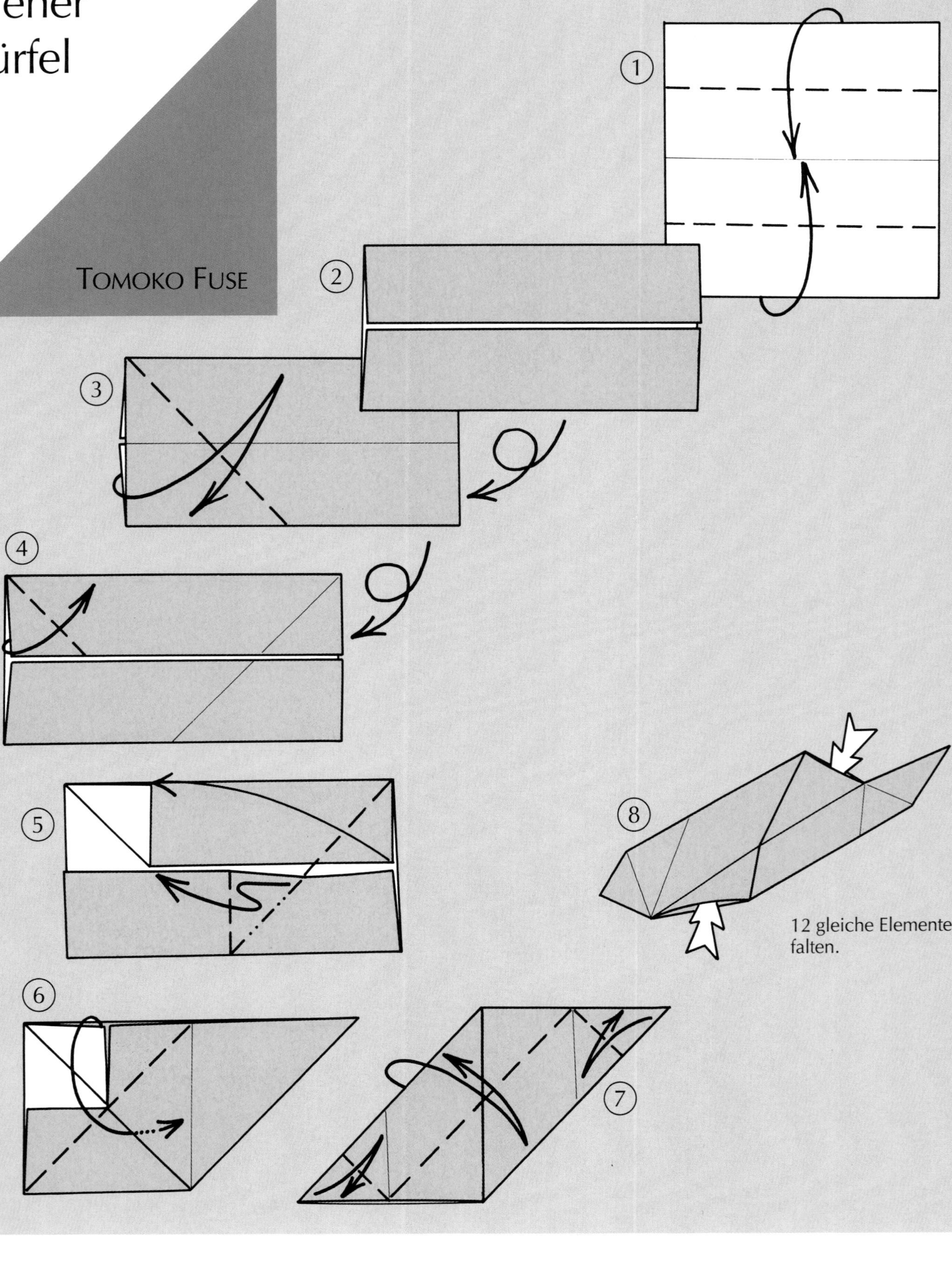

12 gleiche Elemente falten.

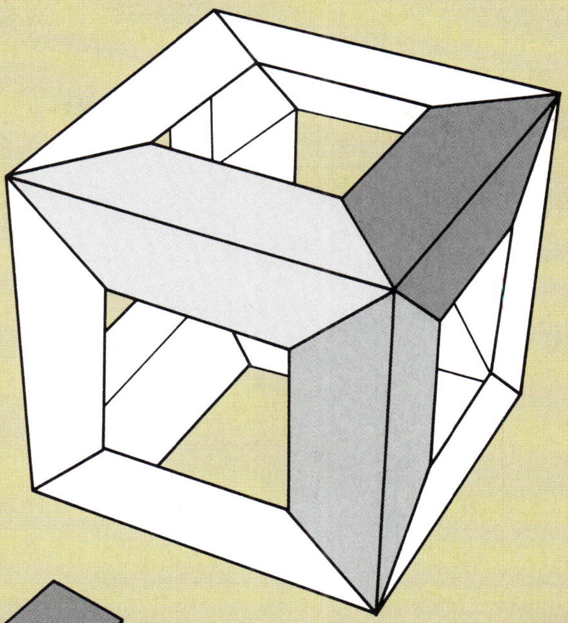

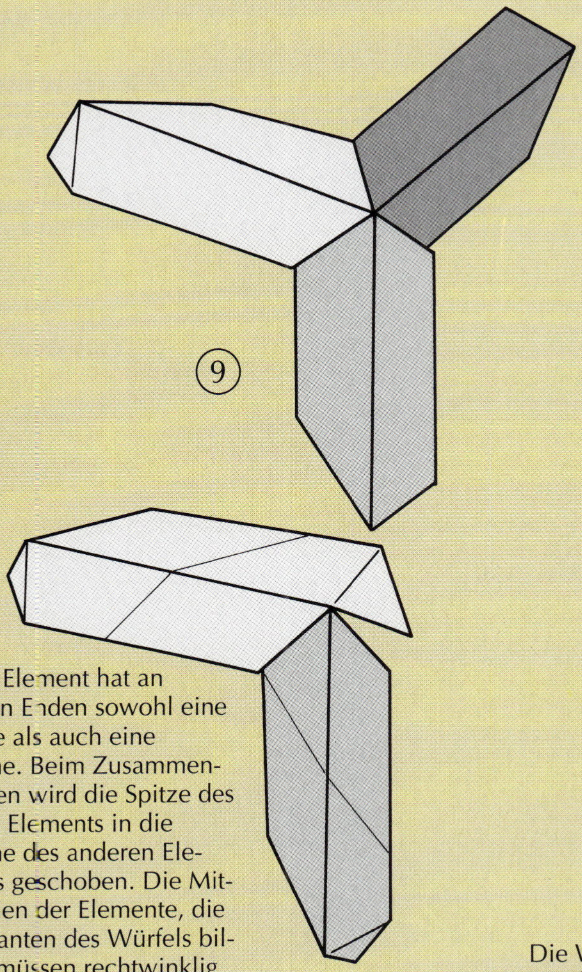

edes Element hat an
beiden Enden sowohl eine
pitze als auch eine
asche. Beim Zusammen-
tecken wird die Spitze des
inen Elements in die
asche des anderen Ele-
nents geschoben. Die Mit-
ellinien der Elemente, die
lie Kanten des Würfels bil-
len, müssen rechtwinklig
ueinander stehen. Durch
in drittes Element wird die
Verbindung komplett.

Die Würfel regen zu verschiedenen Kombinationsmöglichkeiten an. Die hier gezeigte Idee stammt von Axel Reissnecker.

Sonobe Würfel

Mitsunobu Sonobe

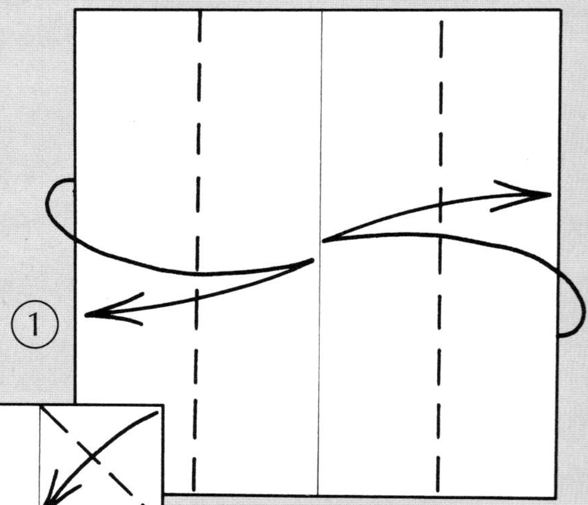

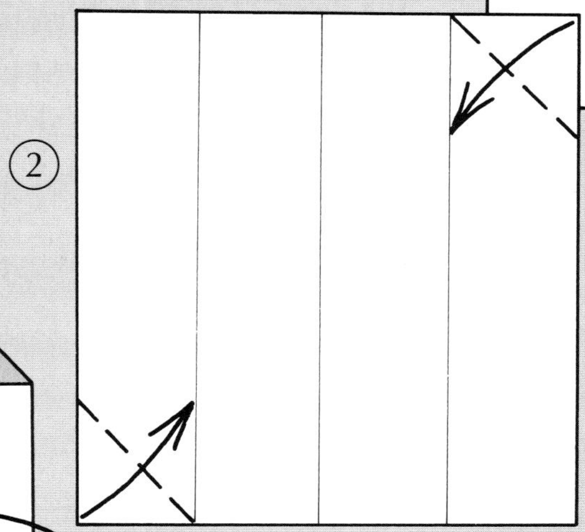

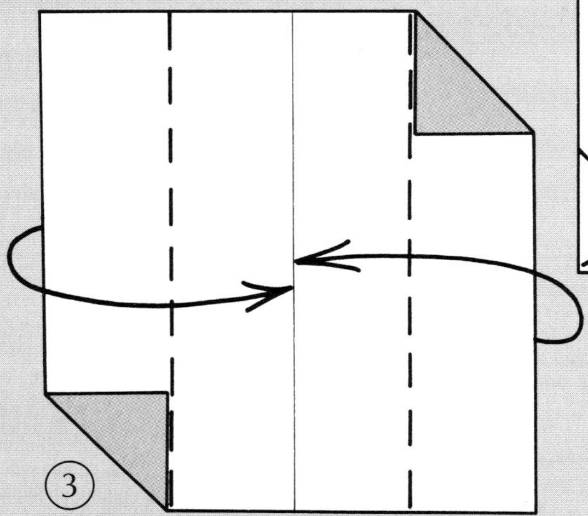

Der „Sonobe Würfel" ist ein klassisches Beispiel für das „Modulare Origami", eine Falttechnik, bei der eine Vielzahl gleichartig gefalteter Elemente zu verschiedenen, teils sehr komplexen geometrischen Körpern zusammengesteckt werden.
Man kann sagen, daß Mitsunobu Sonobe mit seinem Element die Basis für diese Technik gelegt hat, die sich heute einer ständig wachsenden Anhängerschaft erfreut.

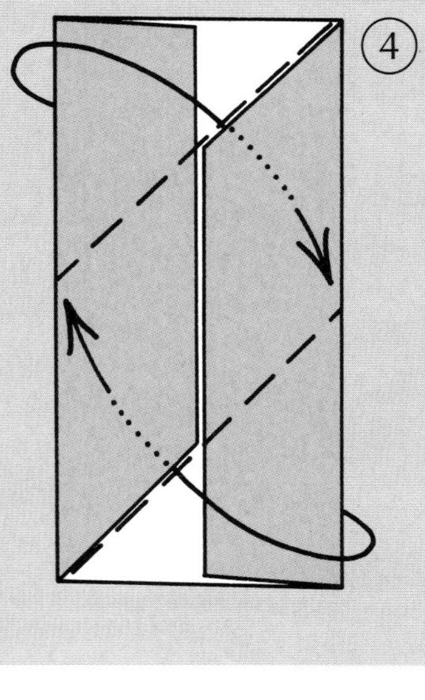

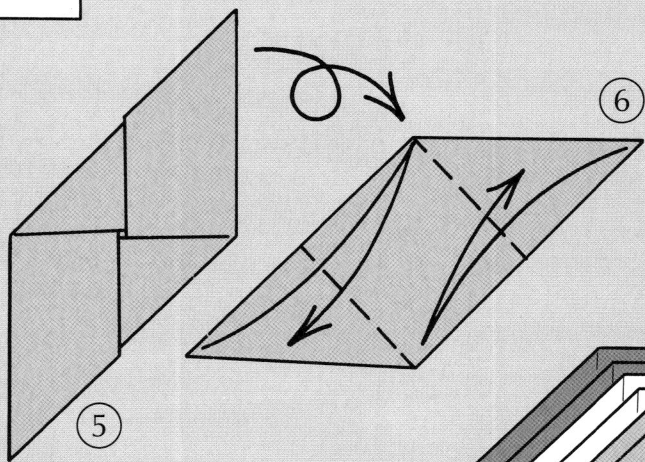

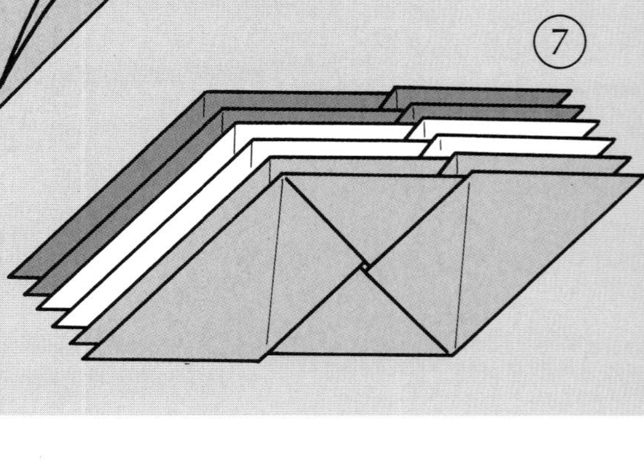

6 gleiche Elemente falten.

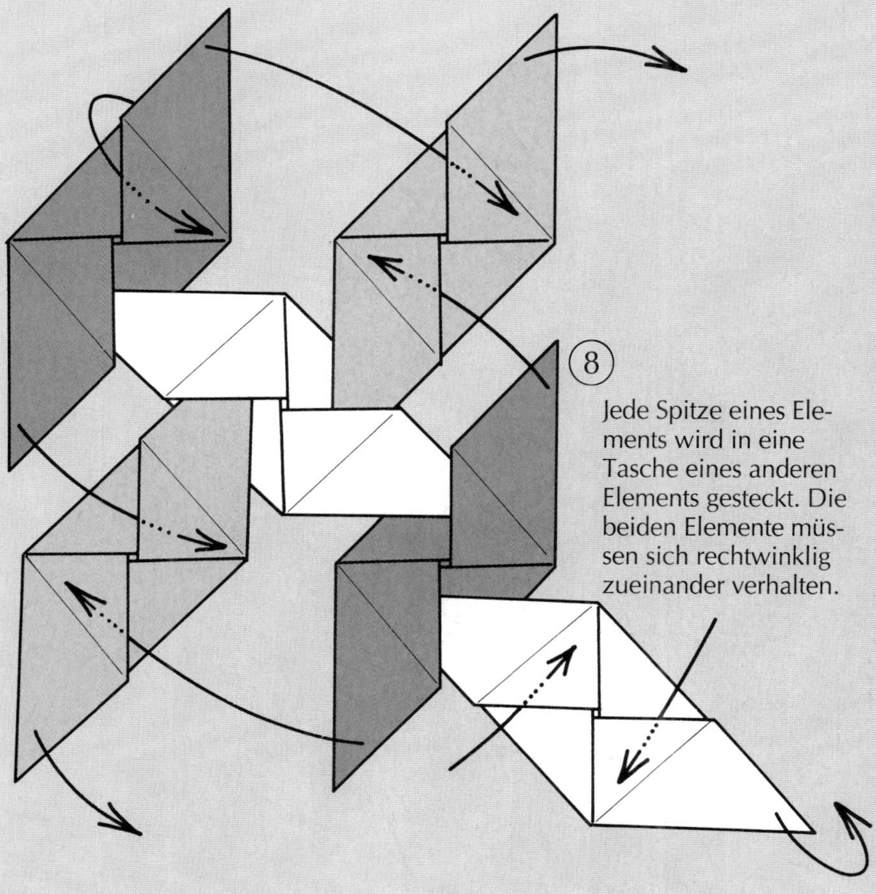

Jede Spitze eines Elements wird in eine Tasche eines anderen Elements gesteckt. Die beiden Elemente müssen sich rechtwinklig zueinander verhalten.

Zur Abbildung auf Seite 78: Dieser Polyeder besteht aus 30 Sonobe-Elementen, die zusätzlich eine diagonale Talfalte im quadratischen Mittelbereich haben. Wenn Sie ein Element wie in Abb. 7 vor sich haben, läuft diese Diagonale von links oben nach rechts unten.

Zum Autor

Paulo Mulatinho wurde 1956 in Natal, Brasilien, geboren.
An der Pontificia Universidade Católica in Rio de Janeiro studierte er Grafik- und Industriedesign.
Seit 1985 lebt er in Freising bei München.
Er ist Gründungsmitglied und erster Vorsitzender von Origami Deutschland – Verein zur Förderung des Papierfaltens e.V. und verantwortlicher Redakteur der Vereinszeitschrift »der falter«.
Für sein Engagement zur Verbreitung des Origami erhielt Mulatinho 1990 den Kultur-Förderpreis des Landkreises Freising.

Kontakte

Origami Vereine gibt es in fast allen europäischen Ländern, ebenso in Japan und den USA.
Diese Organisationen verteilen Informationsmaterial, geben Hinweise über Bezugsquellen und vermitteln Kontakte.
Sie veranstalten Falter-Treffen und geben eine Zeitschrift heraus.

Deutschland
Origami Deutschland
Postfach 1630
85316 Freising

Die Modelle in diesem Buch stammen von verschiedenen Autoren aus unterschiedlichen Ländern: England, Italien, USA, Spanien, Dänemark, Japan, Singapur und Hongkong.

Meine Bewunderung und mein Dank gilt den Autoren, die mir die freundliche Genehmigung zur Veröffentlichung ihrer Modelle in diesem Buch gegeben haben.

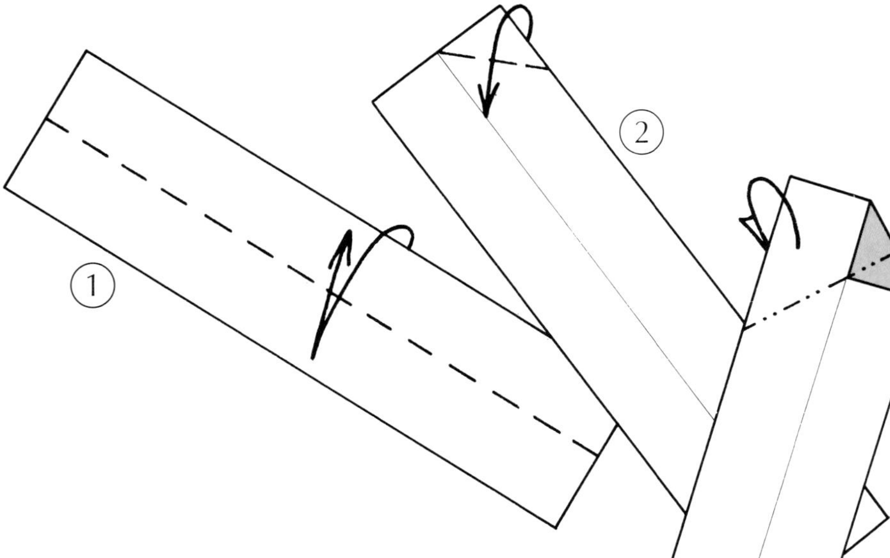

Bibliografische Information Der Deutschen Bibliothek
Die Deutsche Bibliothek verzeichnet diese Publikation in der Deutschen Nationalbibliografie; detaillierte bibliografische Daten sind im Internet über http://dnb.ddb.de abrufbar

Bibliografic information published by Die Deutsche Bibliothek
Die Deutsche Bibliothek lists this publication in the Deutsche Nationalbibliografie; detailed bibliografic data is available in the internet at http://dnb.ddb.de

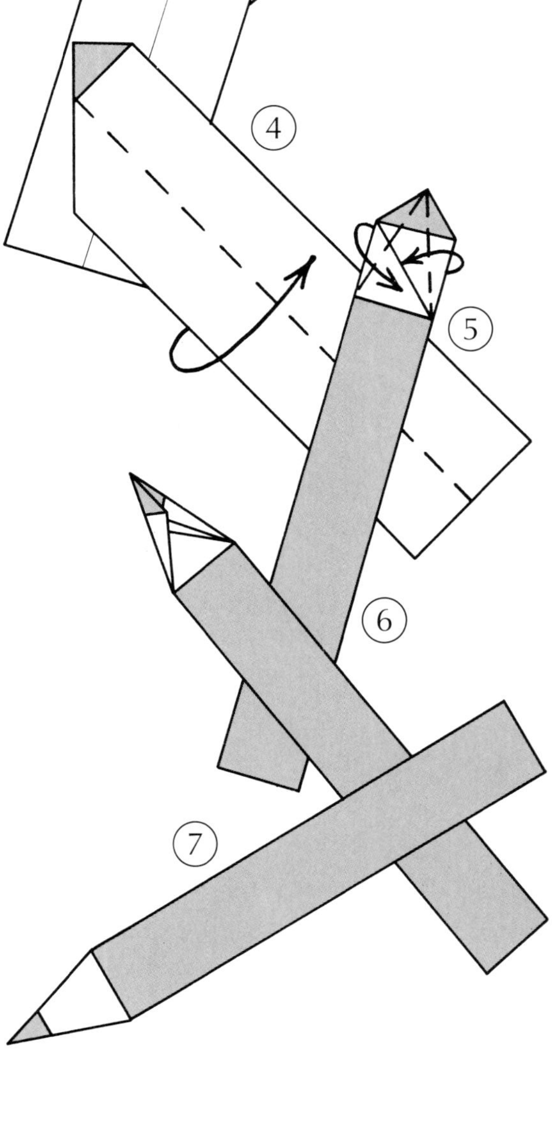

Fotografie: Klaus Lipa, Diedorf bei Augsburg
Lektorat: Michael Schönberger
Umschlagkonzeption: Zero Werbeagentur, München
Umschlaglayout: Karin Kristen
Layout: Paulo Mulatinho, Freising und Michael Stiehl, Leipzig
Satz und Reproduktion: Fotoloto Longo, I-Frangart
Druck und Bindung: Appl, Wemding

Gedruckt auf 115 g umweltfreundlich chlorfrei gebleichtes Papier.

ISBN 3-426-666795-9
Printed in Germany

Bitte besuchen Sie uns im Internet: www.knaur.de